Annette Kaiser

T'ai Ji
und die
Weisheit des Herzens

ch. falk-verlag

Originalausgabe
ch. falk-verlag, seeon 1998

Fotos: Georg Eich
Kalligraphien: Ursula Köker

Umschlag- Buchgestaltung/Satz: Josef Nysten Riess
Druck F. Steinmeier, Nördlingen

Printed in Germany
ISBN 3-89568-040-0

INHALTSVERZEICHNIS

Der Weg

Gewidmet in Dank und Respekt
Frau Irina Tweedie

Danken möchte ich auch all
jenen, die mir geholfen haben zu lernen.
Besonderen Dank möchte ich Annette Neubacher
aussprechen, die das Skript mehrfach
durchgelesen und bearbeitet hat;
weiter möchte ich Georg Eich
für seine Geduld und die Fotoarbeiten,
sowie Rolf für die Zusatzfotos,
Frau Ursula Köker für die Kalligraphien,
die sie mit viel Liebe
speziell für dieses Buch geschaffen hat,
und Franziska Espinoza für die Korrekturen
und die Schreibarbeiten ganz herzlich danken.
Sie alle haben wesentlich zu diesem
T'ai Ji-Buch beigetragen.

I.

Einleitung

Der Legende nach wurde T'ai Ji in China ursprünglich in Verbindung mit Meditation praktiziert. Die Meditation ist dabei Ausgangspunkt, um den menschlichen Innenraum zu kultivieren. T'ai Ji ergänzt die Meditation in wunderbarer Weise. Ein inspirierendes Wechselspiel entsteht. T'ai Ji selbst bildet eine Brücke zwischen dem Innenraum des Menschen und seiner Außenwelt, die beide letztlich nicht voneinander getrennt existieren.

Während wir beispielsweise die Augen in der Meditation geschlossen halten und uns ganz dem Innenraum zuwenden, bleiben die Augen im T'ai Ji geöffnet. Doch widmet sich dabei nur ein kleiner Teil der Aufmerksamkeit dem Äußeren, während der größere Teil klar nach innen gerichtet bleibt. T'ai Ji stellt eine Art Tor dar, ein Durchgang zwischen dem Innern und der Außenwelt. Ist dieser Durchgang frei, eröffnet sich in der Spiegelung des Innenraumes ein neuer Ausblick.

Wenn wir uns ernsthaft in Meditation[1] und T'ai Ji üben, können Erfahrungen und Erkenntnisse auf dem Weg der Menschwerdung entstehen, die von tiefer Bedeutung sind. Letztlich geht es darum, daß wir ein bißchen mehr Mensch werden. Dies ist ein Weg, ein „pfadloser Pfad", der universal ist. Einige dieser Erfahrungen sind auf den folgenden Seiten beschrieben, anderes ist erst erahnt.

---

[1] Ich beziehe mich hier auf die Dhyana-Meditation, da ich mit dieser Form der Meditation persönlich Erfahrung habe.

Stille

In dir und mir - in jedem Menschen von uns - gibt es einen Ort der Stille. Tief im Innern verborgen ist ein Raum, wo unendlicher Friede und unglaubliche Stille herrschen. Es ist der formlose Raum in uns, der war, ist und ewig sein wird - ein Raum, aus dem heraus ES, das Unbenennbare, schöpferisch wirkt. Die kleinste Bewegung und Regung entsteht aus diesem Raum der Stille. Es ist die eigentliche Wirklichkeit, ist das, was be-wirkt.

Im T'ai Ji entstehen die Bewegungen aus diesem Raum der Stille heraus. In der Grundhaltung stehend, zentrieren wir uns im T'ai Ji im Dantian und schwingen uns seelisch in den Raum der vollkommenen Stille ein, in den Urgrund, in dem „Sein" und „Nichtsein" wurzeln. Es ist dies der ortlose Ort der Geheimnisse, durch den alle Wunder hervortreten. Aus der Stille bewegt - das ist T'ai Ji.

Hingabe

Hingabe ist eine weibliche Kraft und bedeutet im T'ai Ji, sich selbst als Gefäß dem Einen, Unbennenbaren, hinzugeben. Es ist ein inneres Gefühl, ein Empfinden, das sich einem sich öffnenden Blumenkelch vergleichen läßt, der sich dem morgendlichen Sonnenlicht entgegenstreckt - oder einem Tautropfen, der sich nach dem Licht des Morgens sehnt, um für einen kurzen Moment seine Herrlichkeit im brechenden Strahl dem Universum offenbaren zu können. Hingabe ist eine innere Haltung, ein inneres Ausgerichtetsein in jedem Augenblick. Wir alle kennen diese Hingabe, es ist jener Augenblick, in dem wir uns selbstvergessen ganz einer Aufgabe widmen können.

Im T'ai Ji geben wir uns den sanften Bewegungen hin, die Ausdruck eines Gebetes sind, eines inneren Gesangs für Ihn, den Schöpfer, den großen Geliebten, den Namenlosen. Durch diese Hingabe werden die Bewegungen im T'ai Ji unbeschreiblich schön und anmutig, werden weit wie der Himmel, weil wir - dem kleinen Tautropfen gleich - berührt und erfüllt werden von etwas, das über unser kleines Selbst hinausgeht. Diese Berührung ist unendlich fein und zart, oft kaum spürbar, ein Hauch Glückseligkeit, vielleicht. Dies ist der ursprüngliche, ja, ganz natürliche Zustand des Menschen, ist sein Erbe: Wir sind Glückseligkeit.

Der Augenblick

Jeder Augenblick - jetzt, genau so, wie er ist - gibt uns die Möglichkeit, mit dem Unendlichen in Berührung zu kommen. Schweifen wir gedanklich oder gefühlsmäßig ab in das Vergangene oder das, was morgen sein könnte, verschließt sich das Tor des unmittelbaren Augenblicks. Es bedarf immer wieder des Übens, um die Aufmerksamkeit auf das auszurichten, was gerade jetzt ist. Es ist ein Üben, das den Geist (mind) beruhigt, so daß wir auf das Eine achten, auf das, was wir tun. Dadurch vereinen sich die Kräfte im T'ai Ji. Ein „Tun im Nicht-Tun" entsteht, absichtslos, verankert im jetzigen Augenblick, nichts weiter als diese eine, sanfte Bewegung. Während Gedanken und Gefühle wie Wolken am Himmel vorbeiziehen, richten wir unsere Aufmerksamkeit auf diesen einzigartigen Augenblick. Darin sind alle Möglichkeiten des Universums enthalten: - jetzt, genau so - Wunder über Wunder.

Einfachheit

Durch das absichtslose „Tun im Nicht-Tun", das ganz im Augenblick verwurzelt ist, werden wir einfach. Die Taoisten nennen es „ein-fältig". Es gibt keine Doppelbödigkeit mehr, keine komplizierten und komplexen Gedanken oder Gefühlswelten, die uns von uns selbst und andern trennen. Einfach - ein Leben in Einfachheit. Wir essen, arbeiten, schlafen, üben T'ai Ji, nur das. In aller Einfachheit wenden wir uns gerade dem zu, was sich uns im Leben offenbart, nichts weiter. Die Bewegungen im T'ai Ji spiegeln dieses Prinzip der Einfachheit wider. T'ai Ji ist nichts Außerordentliches, nichts „Abgehobenes". Wir fließen einfach mit den Bewegungen, im Rhythmus des Lebens. Jeder Mensch kann T'ai Ji üben , ob reich oder arm, jung oder alt - es wird nichts Besonderes dazu gebraucht. Der Mensch an sich genügt. In China üben viele Menschen frühmorgens T'ai Ji auf den Straßen oder in Parkanlagen, oft dicht nebeneinander stehend, vielleicht auf das Meer hinausblickend oder einen Strauch betrachtend. Diese Einfachheit, die in der Grundhaltung des T'ai Ji zu finden ist, verbindet uns mit allen Menschen auf der Erde! Wir sind einfache Leute.

Menschwerden

Üben wir T'ai Ji und Meditation mit Hingabe, in aller Einfachheit, konzentriert und leise, ausgerichtet auf das Eine, so werden wir unweigerlich mit unseren Schattenseiten konfrontiert. Lenken wir die Aufmerksamkeit nach innen, in den Raum der Stille, entsteht eine innere Dynamik. Diese nach innen gerichtete Aufmerksamkeit, die auch als Licht oder als Form der Liebe betrachtet wird - läßt unsere Lebensenergie nach innen fließen. Dabei wird etwas in unserem inneren Raum aktiviert, und es steigen aus dem Unbewußten Teile auf, die wir im Alltagsgeschehen gerne unbeachtet lassen, Dinge, denen wir nicht gerne ins Auge sehen. Aber gerade diese Schattenteile „regieren" unser Leben oft ganz entscheidend. Sie wollen ans Licht, ins Bewußtsein. Das Aufsteigen dieser im Unbewußten schlummernden Teile empfinden wir oft als schmerzhaft. Es bedeutet vielleicht, das Gefühl von Enttäuscht- oder Verlassenwerden nochmals zudurchleben oder sich verloren, verletzt und unverstanden zu fühlen. Dies geschehen zu lassen, es wahrzunehmen, hindurchzuschreiten und zu integrieren, bedeutet als Mensch allmählich ganz zu werden. Und oft liegen gerade in diesen abgeschotteten Teilen unsere eigentlichen Juwelen und besonderen Talente verborgen. Diese „Arbeit" ist ein wesentlicher Teil des Menschwerdungsprozesses; es ist die wichtigste Aufgabe im Leben.

Beginnt der Mensch diese Reise nach innen anzutreten, wird ihm aber auch immer geholfen. Etwas in uns trägt uns und sorgt für uns, auch wenn wir uns zeitweise ganz alleingelassen fühlen. Das, was wir nicht zu benennen vermögen, ist uns immer nahe, näher sogar als die eigene Halsschlagader.

Die Würde

Der Prozeß der Menschwerdung führt oft zu inneren und äußeren Veränderungen. Bevor jedoch etwas Neues entstehen kann, sind wir aufgefordert, Altes loszulassen. Das ist nicht immer einfach und kann sehr verwirrend und schmerzhaft sein. Zudem ist meist das Neue noch nicht sicht- oder erkennbar. So fühlen wir uns, als würden wir über einem Abgrund tanzen: An Vergangenem können wir uns nicht mehr festhalten, und das andere Ufer ist noch nicht in Sicht. Gerade diese enorme Spannung aber, diese Energie, bringt das Neue hervor. Vielleicht werden wir in dieser Zeit äußerlich allein gelassen, wir fühlen uns ungeliebt, oder es scheint uns, als stünden wir ganz einfach auf der dunklen Seite des Lebens. Doch selbst im tiefsten Tal bleibt uns die Würde des Menschseins - ein Aufrechtstehen - das wir so wunderbar im T'ai Ji erfahren können. „Wer seine Würde bewahrt, auch in einem geschändeten Leben, ist wie ein tiefes Tal. Das Tal der Welt ist erfüllt vom ewigen Leben. Siehe, es macht alles neu und unberührt und einfach."[2]

Oft sind es gerade diese Erfahrungen im Tal des „Schattens", die uns allen Wesen gegenüber mitfühlend machen. Sie lösen unsere innersten Ängste und lassen neue, ungeahnte Kräfte und Talente in uns aufblühen. Lao-Tse sagt: „Warum ist das Meer König über hundert Ströme? Weil es unter ihnen ruht, darum ist das Meer König aller Ströme."[3]

---

[2] Lao-Tse, Jenseits des Nennbaren, S. 84.
[3] ebda., S. 110.

Das Vertrauen

Es ist ungewöhnlich, in diesen Menschwerdungsprozeß einfach Vertrauen zu haben, denn er vollzieht sich nicht innerhalb unseres gewohnten Alltagsdenkens. Es ist ein Prozeß, der tiefer reicht, über den Verstand hinausgeht. Er führt uns zur eigenen Quelle, wo wir Erfahrungen machen und plötzlich „wissen", erkennen. Es ist ein Wissen, das allen Menschen eigen ist. Es ist zugleich auch ein ganz praktisches Wissen, das uns zu zeigen vermag, was der nächste Schritt in unserem Leben ist. Dazu braucht es Vertrauen, tiefes Vertrauen in das, was wir nicht so richtig zu beschreiben, doch alle zu erahnen vermögen. „Ist Vertrauen da, ist alles möglich"[4] ,wird gesagt. Und dieses Vertrauen wächst wie in einer Schwangerschaft, zunächst verborgen, kaum spürbar, bis es sich zur inneren Gewißheit verdichtet und uns durch den Alltag führt. Es ist ein Vertrauen in das, was oft auch als „innere Führung" oder „innerer Meister" bezeichnet wird. „Ein Funke Vertrauen, einmal erwacht - öffnet für immer den Weg."[5]

[4] Irina Tweedie, Der Weg durchs Feuer, S. 649.
[5] Jitoku Eki, zit. in Rudolf Seitz, Was ist der Weg? Er liegt vor Deinen Augen.

Die Leere

Indem wir in den Prozeß der Menschwerdung eintreten, wird unser innerer Raum klarer; er entleert sich allmählich von unseren Neigungen, Wünschen, Hoffnungen und Ängsten. Die Taoisten beschreiben diesen Prozeß als die „Rückkehr zur ungebleichten Seide" und beschreiben einen alten Weisen als einfach, wie unbehauenes Holz[6] Es ist, als würde bedruckter Stoff gewaschen und gewaschen. Erst verblassen die Zeichnungen, dann der Hintergrund. „Die Persönlichkeit macht dem inneren Zeugen Platz, dann geht auch er und reines Gewahrsein bleibt."[7] Die Seide war am Anfang ungebleicht und ist es am Ende wieder - Zeichnung, Hintergrund und Bleiche tauchten nur eben während einer bestimmten Zeit auf. Die Person „entleert" sich, macht dem Einen Platz, das wir vielleicht als das Tao bezeichnen können, den Geliebten oder die absolute Wahrheit. Manchmal wird dies auch als die große Leere bezeichnet. Natürlich macht uns dieser Gedanke des Leerwerdens, des Zurückkehrens zur ungebleichten Seide, Angst. Vertrauen wir aber jenen Aussagen von verwirklichten Menschen, so ist dies die große Befreiung, und erst da beginnt das eigentliche Leben. Es ist ein Dienen der Menschheit im Namen dessen, den wir nicht benennen können.

[6] Lao-Tse, Jenseits des Nennbaren, S. 59.
[7] Nisargaa Datta Maharaj, Die Lehre der „Einfachheit", S. 78

Die Ethik

Dieses Entleertwerden im Laufe der Zeit bringt unser Leben in Einklang und Harmonie. Nicht, daß unser Leben unbedingt einfacher würde; aber wir lernen, mit dem zu fließen, was ist. Wie ein Musikinstrument werden wir von dem Einen feiner und feiner gestimmt. Die innere Stimme wird hörbar, und sie wird langsam zum einzigartigen Maßstab unseres Tuns und Lassens. Gewisse Dinge in unserem Leben werden plötzlich unwichtig, andere gewinnen an Bedeutung - die Werte verschieben sich, vieles fällt einfach ab. Darin spiegelt sich keine äußere, zwanghafte Moral wider, sondern eine innere Notwendigkeit, die uns den ungeschriebenen „Gesetzen", die universell sind, näher bringt. Nicht mehr abgespalten von ihnen, entsteht allmählich eine Ethik, die Leben schützt und bewahrt, die sich des Kleinsten wie des Größten annimmt;. nur das für sich beansprucht, was wirklich zum Leben gebraucht wird. „Der Weise, wandernd weite Wege, trägt mit sich, was er braucht. Alle Herrlichkeit sieht er, doch besitzen will er nicht."[8] Welch wunderbares Bild. Maßgebend dabei ist die freiwillig angenommene Verantwortung, die wir dem Leben, uns und anderen Menschen und der Mutter Erde gegenüber tragen.[9] Es ist die Ethik des Herzens, die sich aus der Stille nährt.

---

[8] Lao-Tse, Jenseits des Nennbaren, S. 79.
[9] vgl. Gitta Mallasz, Sprung ins Unbekannte, S. 109.

18

Sicherheit

Dieser „Weg" erscheint uns, die wir Verantwortung tragen im Berufs- und Familienleben, gegenüber unsren Kindern, PartnerInnen und Freunden, unsicher, abgründig, ja unwirklich. Mit dem Leben fließen, gestaltend und doch annehmend, ausgerichtet auf das Eine, vertrauend auf etwas, das wir kaum in Worte zu fassen vermögen - all dies klingt sehr verunsichernd. Und doch, wenn wir die Dinge etwas genauer betrachten, wird uns klar, daß das, was im allgemeinen als sicher gilt, oft sehr fragil ist. Sich auf das Eine ganz auszurichten und sich Dem hinzugeben, bedeutet höchste Sicherheit. „Das Sicherste ist hier und jetzt!"[10] Es gibt keine andere Sicherheit. Und Lao-Tse meint: „Einssein mit dem Tao bedeutet Unsterblichkeit. Denn stirbt auch dein Leib, das Tao währt ja ewig."[11] Und an einer anderen Stelle: „Für Ihn (den Weisen) ist Tod nichts anderes als Verwandlung."[12] Und ganz konkret und praktisch auf das Erdenleben bezogen meinen dazu die Engel: „Der gute Arbeiter verdient es, sein tägliches Brot zu erhalten, um himmlisches zu geben."[13] Es ist ein Paradox, daß gerade das, was uns so unsicher erscheint, nicht genau faß- und erklärbar ist, im wahrsten Sinne Sicherheit bedeutet, während das, was uns im Leben so augenfällig sicher zu sein scheint, oft so leicht zerstörbar ist.

[10] Tetsuo Roshi Nagaya Kiichi, Tuschspuren, S. 54.
[11] Lao-Tse, Jenseits des Nennbaren, S. 63.
[12] ebda., S. 77.
[13] Gitta Mallasz, Sprung ins Unbekannte, S. 137.

19

Liebe

Durch das tägliche Üben in der Stille wird unser Raum allmählich leer, und mit der Zeit - nach Jahren des Übens - wird unser Dasein durch etwas anderes erfüllt. Wir erfahren dabei vielleicht einen inneren Klang, und langsam nehmen wir ein inneres Licht in uns wahr. Schließlich erwacht die große Liebe. Groß, weil sie in allem das Eine, das Tao, das Göttliche erkennt, keine Bedingungen stellt, einfach ist, im Größten wie im Kleinsten. „Der Gute kümmert sich um jeden, verachtet niemanden. Er kümmert sich um das Kleinste und vernachlässigt nichts. Das nennt man: dem Lichte folgen."[14] Die Liebe selbst ist eine äußerst dynamische Kraft, stärker als alles andere. Und es wird gesagt, daß die Kraft der Liebe das einzig Wertvolle im ganzen Universum ist. Dinge entstehen und vergehen, wachsen und blühen und kehren zur Quelle zurück. Versunken in die Betrachtung der ewigen Wiederkehr, eingetaucht in die Liebe, erkennen wir den Weg der Natur, unwandelbar.

Und selbst diese Liebe wird eines Tages vergehen. Warum? Werden wir eins mit Dem, dessen Namen wir nicht zu nennen vermögen - und sei es auch nur für einen kurzen Augenblick - liegt auch dieses Einssein jenseits des Nennbaren. Es bleibt ein Geheimnis. „Im Sein und Nichtsein vereint, ohne Anfang entstanden, vor Himmel und Erde, allein, unwandelbar, immer gegenwärtig, immer bewegt. Vielleicht ist es die Mutter aller Dinge. Ich weiß nicht, weiß nicht den Namen."[15]

---

[14] Lao-Tse, Jenseits des Nennbaren, S. 80.
[15] ebda., S.31.

Der Narr

„Der Weise lebt in Einfalt und ist Beispiel für viele. Er will nicht selber scheinen, darum wird er erleuchtet."[16] Ein-falt beinhaltet die Versöhnung, ja die Vermählung der weiblichen Urkraft Yin mit der männlichen Urkraft Yang, was auch als die „unio mystica" bezeichnet wird.[17] Aus dieser namenlosen Einfalt entspringt Wunschlosigkeit, und es entsteht eine Stille und eine Liebe im Menschen, die jenseits aller Worte sind; dadurch wird die Welt von selber recht.[18] Dieser Zustand wahrer Humanität kann mit Worten in ihrer ganzen Tiefe und Unergründlichkeit nicht erfaßt werden. Nur das äußere Erscheinungsbild und Wirken von Menschen, welche in Einfalt leben, ist beschreibbar: „Aufmerksam, wie Menschen, die im Winter einen Fluß überqueren. Wachsam wie Menschen in Gefahr. Höflich wie Menschen zum Gast. Nachgiebig wie Eis, das gerade schmelzen will. Einfach wie unbehauenes Holz. Geheimnisvoll wie Höhlen. Undurchsichtig wie ein getrübter Teich."[19] Oft werden diese Menschen auch als Narren bezeichnet, als Narren Gottes. Nichts fürchtend wie ein Neugeborenes, bevor es zu lächeln lernt, ist er allein, ohne Bindung, ohne sicheres Heim. „Andere haben mehr, als sie brauchen. Ich allein habe nichts. Ich bin ein Narr, o ja."[20] Allein in der Menge, ruhend im Herzen der Herzen, ein Sklave Gottes, ein Narr, wie seltsam beschrieben und wie unendlich wahr.

---

[16] ebda., S. 41.
[17] vgl. Henri van Praag, Die Acht Tore der Mystik, S. 121.
[18] Lao-Tse zit. in Rudolf Seitz, Was ist der Weg? Er liegt vor Deinen Augen.
[19] Lao-Tse, Jenseits des Nennbaren, S. 59.
[20] ebda., S. 59.

Der Weg

Natürlich sind wir gewöhnliche Menschen, und es scheint uns ein weiter Weg dahin. Solche Menschen, von Lao-Tse als Weise oder alte Meister bezeichnet, dienen uns als Orientierung. Sie sind uns eine große Hilfe, eine Inspiration, vor allem dann, wenn wir sie in unmittelbarer Nähe erfahren dürfen. Es sind Menschen, die ganz Mensch geworden sind, die nicht theoretisch etwas wissen oder tun, sondern *Das* leben - sie sind.

Für uns, die wir uns bemühen, ein bißchen mehr Mensch zu werden, stellt sich die Frage, wie dies beginnen. „Was ist der Weg?" - fragen wir uns, und die Antwort ist einfach: „Er liegt vor Deinen Augen."[21] Und weiter: „Nun beginne ich den ersten Schritt auf dem Weg...."[22] Vielleicht bedeutet dies schlicht, in die Stille zu gehen, zu meditieren, T'ai Ji zu üben - ein erster Schritt auf dem Weg, gerade jetzt. Denn „Tag für Tag: das ist der gute Tag."[23] Immer ist gerade der heutige Tag der richtige Moment, den ersten Schritt zu tun. „Der wahre Weg ist der alltägliche"[24], das heißt, wir brauchen keine speziellen Bedingungen. Jeder Moment im Alltag offenbart sich uns als Weg, als nächster Schritt.

---

[21] Wei-kuan, zit. in Rudolf Seitz, Was ist der Weg? Er liegt vor Deinen Augen.
[22] Jitoku Eki, ebda.
[23] Yün-men Wen-yen, ebda.
[24] Chao-Chou, ebda.

Dankbarkeit und Gnade

Auf dem Weg gehend, wächst in uns eine große Dankbarkeit-vielleicht ist es auch Demut. Dankbarkeit für all die kleinen Schritte, aus denen wir lernen und durch die wir wachsen können. Was wir erfahren und lernen, ist nie für uns selbst gedacht; es ist immer für die anderen. Und wenn wir unser Leben Dem widmen, bemerken wir, daß wir selbst nichts tun. Etwas in uns beginnt zu wirken, und es ist wichtig, daß wir alles als Seinen Ausdruck begreifen. Die Inflation des Ego ist ein großer Stolperstein. Unsere Aufgabe ist es, nichts zu werden. „Es gibt nichts als das Nichts."[25] Alleine können wir diese „Arbeit" nicht erwirken. Von unserer Seite ist Ernsthaftigkeit gefordert. „Sie müssen es todernst meinen", heißt es, „dann führt Sie jeder Weg dahin."[26] Letztlich aber ist es das Eine, das Tao oder der Geliebte, der in uns wirkt. Denn lange bevor wir einen ersten Schritt tun, lange vorher, hat Er oder Es uns gerufen. Und es ist dieses Echo auf Seinen Ruf in unserer Seele, das uns den Weg gehen läßt. Es ist Seine Gnade, die wirkt. Dies erfassend, fühlt unser Herz mit großer Dankbarkeit: Sein Ruf wurde gehört. Es und ich sind eins - Ich bin - geboren aus Seinem Geiste.

[25] Irina Tweedie, Der Weg durchs Feuer, S. 907.
[26] Nisargaa Datta Maharaj, Die Lehre der „Einfachheit", S. 60.

23

II.
PRAKTISCHER TEIL

1. In der Stille

Bevor wir in die Qi Gong-Vorbereitungsübungen und die sanften T'ai Ji-Bewegungen des 1. Kreises eintauchen, nehmen wir uns einen Moment Zeit , in die Stille zu gehen. Die Stille ist Ausgangspunkt jeglicher Bewegung. Wir finden diese Stille tief in uns verborgen. Sie ist in jedem Menschen vorhanden, sie war schon immer da und wird auch immer da sein. Dieser stille „Raum" in uns ist sehr geheimnisvoll. Manchmal wird diese Stille auch mit innerem Frieden oder Liebe bezeichnet - es ist etwas höchst Dynamisches. Jetzt nehmen wir uns also Zeit, in die Stille einzutauchen, an diesen ortlosen Ort in uns, wo sich Sein und Nichtsein berühren, wo Worte nichts mehr zu benennen vermögen.

Jeder kann dies auf seine vertraute Weise tun. Es gibt ganz verschiedene Fahrzeuge oder Methoden, die uns in die Stille führen. Da die Menschen sehr verschieden sind, gibt es auch verschiedene Werkzeuge. Und jede Art führt, wenn sie ernsthaft geübt wird, in diese Stille, zu diesem Frieden im Menschen, der jenseits aller Worte liegt.

Wer keine Meditationsform kennt, kann diejenige der Dhyana-Meditation (siehe Teil III, 3.2.3.b) nachlesen. Diese Meditation ist eine yogische Übung, die ganz in der Stille durchgeführt wird. Optimal ist es, wenn wir uns ca. 30 Minuten täglich Zeit dafür geben.

2. Aus der Stille bewegt

Gott ist Stille.
Alles entsteht aus der Stille.
(Mutter Meera[1])

Es braucht Zeit, in sich diese tiefe Stille zu erfahren. Wie ein Same Zeit benötigt, die eigene Schale zu durchbrechen und durch die Erde zu stoßen, um in freier Natur Blätter und Blüten in voller Pracht entfalten zu können, so brauchen auch wir Zeit, bis sich der innere Raum der Stille und Liebe wahrnehmbar entfaltet. In diesem Raum der Stille liegt das Geheimnis unserer eigentlichen Quelle.

Nach der Meditation öffnen wir langsam die Augen, strecken uns ein wenig nach allen Seiten aus und stehen sachte auf. Dabei bleiben wir in Verbindung mit unserem Inneren, dem stillen Raum, unserem Wesenskern - Ruhe und Friede durchströmen uns, ein inneres Lächeln[2] breitet sich im ganzen Körper aus. Gelassen und heiter zugleich lenken wir unsere Aufmerksamkeit langsam in den Bereich des Dantian, des Feldes unserer Lebenskraft, unserer Mitte (siehe Zeichnung Nr. 1, Qihai-Bereich).

---

[1] Mother Meera, Answers, S. 53.
[2] vgl. Annette Kaiser, T'ai Ji - verbunden mit Himmel und Erde, S. 20.

2.1 Qi Gong-Vorbereitungsübungen[3]

Aus der Stille kommend, gesammelt im Dantian und im inneren Frieden ruhend, gehen wir allmählich über in die „1. stille Form". Es handelt sich dabei um eine der vier Qi Gong-Vorbereitungsübungen. Die ersten drei sind Basishaltungen, die letzte ist eine Bewegungsform, die den Atem reguliert und den Geist beruhigt. Diese vorbereitenden Übungen sind ausgezeichnet für Körper, Geist und Seele, um in die eigene Mitte zu gelangen.

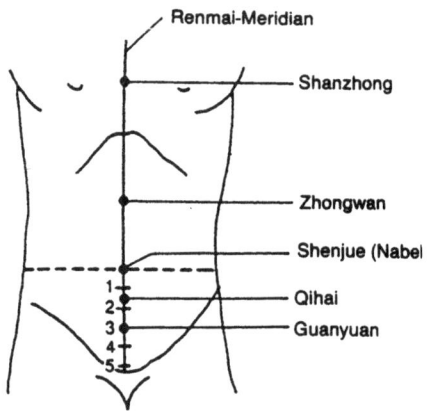

(Zeichnung 1 aus Prof. Guorui, siehe Anmerkung 3, S. 260)

---

[3] Die Qi Gong-Vorbereitungsübungen stammen von Prof. Jiao Guorui aus Peking. Für genaue Angaben siehe Prof. Jiao Guorui, Das Spiel der 5 Tiere, S. 34f.

Kiefer

2.1.1 Die erste stille Form: Stehen wie eine Kiefer

Betrachten wir nun einen Augenblick eine wunderschöne Kiefer vor unserem inneren Auge: ihre Wurzelkraft, den aufragenden Stamm, die tragenden Äste, ihren wunderbaren Wuchs, die Stille und Erhabenheit, die die Kiefer ausstrahlt - einfach dastehend, lebendiges Sein, tief verwurzelt in der Erde, verbunden mit dem Himmel, den Raum mit allen Wesen der Erde teilend. Die Kiefer, ein Baum, der Wind und Wetter standhält, ist in China und Japan Symbol der Un-

sterblichkeit und Lebenskraft.

Der Baum an sich ist und war fast in jeder Kultur von zentraler Bedeutung. Bäume sind wie Heiligtümer. Der Lebensbaum repräsentiert Lebensqualität, ja das Leben selbst.

Betrachten wir den Baum im einzelnen, so symbolisieren die Wurzeln den Urgrund Weisheit und Heilkraft. Der Baumstamm bedeutet die gesammelten Kräfte, die persönlichen Anlagen des Menschen. Die Baumkrone ist Symbol des höheren Seins. Die Zweige sind Sinnbild für das Heil. Sie werden verwendet als Freudenbringer und Friedenszeichen. Die Blätter und Nadeln sind Zeichen der absoluten Hoffnung und Freude.[4]

In uns das Bild der Kiefer aufnehmend, stellen wir unsere Füße in einen schulterbreiten Stand. Die beiden Außenkanten der Füße

---

[4] vgl. Frida Huwiler, Lebensbäume, S. 15.

bilden zwei parallel verlaufende Linien.[5] Das Körpergewicht liegt in der Mitte, so daß beide Beine gleich belastet sind. Einen Moment schenken wir die Aufmerksamkeit ganz den Füßen, fühlen dem Stand nach und lassen Wurzeln in die Erde hineinwachsen. Wir spüren dem sprudelnden Quell (Yongquan)[6] nach; hier, an dieser Stelle, „atmet" der Körper über die Füße die Kraft der Erde ein und sendet unsere Kraft in den Kreislauf zurück. Die Knie sind locker, leicht gebeugt und stehen in einer Linie über den großen Zehen. Die Kraft der Knie geht leicht nach innen. Entlang der inneren Beinseite lassen wir einen leichten Tonus entstehen, der sich als sammelnde Kraft in den Beinen auswirkt. Im Becken wirkt eine runde, schließende, vom Rücken ausgehende Kraft, die die Beckenschaufeln und Hüftgelenke mit einbezieht. Der Kreuz- und Lendenbereich ist locker, das Gesäß steht in senkrechter Linie über den Fersen. Aus dem Becken heraus entfaltet sich die ganze Wirbelsäule frei und natürlich nach oben. Die Arme sind entspannt, die Achselhöhlen leicht geöffnet. Damit die Arme sich frei vom Körper entfalten, können wir uns z.b. vorstellen, daß wir einen kleinen Ball in den Achselhöhlen liegen haben. Eine sammelnde Kraft erfahren wir in den Schultern und im Brustkorb, indem wir eine umwickelnde Kraft in den Schultern fühlen und ein leichtes, nur spurhaftes Zurücknehmen der Brust vollziehen. Der Kopf ist frei und entspannt, das Kinn leicht angezogen, so daß der Bahui-Punkt zur höchsten Stelle des Körpers wird. Der Bahui-Punkt entspricht dem 7. Chakra (Scheitel-Chakra), das wie durch einen silbernen Faden mit dem Universum verbunden ist.

Unser ganzer Körper drückt eine hochragende Kraft aus, wo-

---

[5] Wird dieser Stand als unangenehm empfunden, so passen wir die Füsse unseren Verhältnissen und Bedürfnissen an.
[6] Die folgenden Ausführungen beziehen sich auf Prof. Jiao Guorui, Das Spiel der 5 Tiere, S. 34.

bei der untere Körperbereich, unterhalb des Bauchnabels, „fest", stabil und voller Vitalität ist, während der obere Körperbereich „leer" ist und hoch aufragt. Das Prinzip unten fest (7 Anteile) und oben leer (3 Anteile) ist hier von zentraler Bedeutung. Es entspricht in etwa den Verhältnissen des Goldenen Schnitts, dem wir im T'ai Ji, und besonders in den Qi Gong-Übungen, begegnen. Nun formen wir die Arme und Hände in einer Bogenlinie nach außen und spüren zunächst eine nach unten wirkende Kraft in beiden Ellenbogen. Ebenso wirkt eine nach außen aufspannende Kraft. Zugleich empfinden wir eine nach innen gerichtete, schließende Kraft, die bis in die Fingerspitzen reicht. Das Verhältnis von aufspannender und schließender Kraft der Arme ist 3:7. Der Mittelfinger jeder Hand zeigt auf die Hosennaht. Zwischen den Fingerspitzen und dem Körper ist ein handbreiter Abstand. Die Arme und Hände sind entspannt. Unser Blick richtet sich zu 7 Anteilen nach innen (innerer Blick), zu 3 Teilen lassen wir unseren Blick geradeaus entspannt und freundlich in die Ferne blicken. Den Atem lassen wir ganz natürlich ein- und ausströmen, gerade so, wie es unserem Rhythmus entspricht. Mit der Zeit wird unser Atem von selbst tief und sanft und gleichmäßig. Unsere Aufmerksamkeit ruht im mittleren Dantian.[7]

Wir stehen nun wie eine Kiefer, tief verwurzelt in der Erde, hoch zum Himmel ragend.

Wir ruhen im mittleren Dantian. Unser Herz ist geöffnet für das Unbenennbare, das Eine, wonach wir uns alle sehnen. Während des Übens sollten wir uns immer wohl fühlen; doch besonders zu Beginn können diese Ruhestellungen schwierig sein. Wir können uns deshalb den eigenen Bedingungen stets anpassen, indem wir kleine Veränderungen in der Körperhaltung vornehmen. Diese Übung kann bis zu 30 Minuten oder länger aus-

---

[7] Dantian = Feld, wo die Lebenskraft aufbewahrt wird. Siehe Annette Kaiser, T'ai Ji - Verbunden mit Himmel und Erde, S. 20.

geführt werden, aber auch wenige Minuten zu Beginn sind äußerst wirksam.

2.1.2 Die zweite stille Form: 2 Bälle ins Wasser drücken

Aus der Basishaltung „Stehen wie eine Kiefer" lösen wir langsam die Hände. Die Handflächen wenden sich dabei kreisförmig nach hinten, zur Seite und nach vorne und enden seitlich an der Hüfte. Gleichzeitig heben und senken wir dabei un-

seren Körper leicht. Wir stellen uns vor, daß sich die Hände fächerartig durchs Wasser bewegen, wobei sich zu Beginn

der kreisenden Bewegung die Finger öffnen und am Ende der Bewegung wieder leicht schließen. Somit halten sie in der natürlichen Fingerstellung (leicht gespreizte Finger) wieder an. Die 5 Finger zeichnen dabei das T'ai Ji-Zeichen. Es ist der Übergang von der ersten zur zweiten stillen Form.

Am Ende der Kreisbewegung der Hände befinden sich diese seitlich von den Hüften. Die Daumen zeigen in Richtung Hosennaht und haben einen kleinen Abstand zum Bein. Die Hände drücken gesamthaft zwei Bälle unter das Wasser. Dabei sinken wir etwas tiefer in die Knie. Der leichte, sanfte Druck nach unten steht im Verhältnis 7 zu 3 zum aufsteigenden Druck der Bälle. Ansonsten sind die Anforderungen an die Körperhaltung dieselben wie in der ersten stillen Übung.

Der innere Blick wendet sich dem mittleren Dantian zu, während die Augen sanft in die Weite schauen. Wir ruhen in der eigenen Mitte, Stille und Gelassenheit breiten sich in uns aus. Im Herzen sind wir verbunden mit unserem Innern, dem Großen Tao. Jeder Atemzug ist tief und weich.

2.1.3 Die dritte stille Form: Tragen und Umfassen

Aus der zweiten Basishaltung „2 Bälle ins Wasser drücken" sinken wir ein wenig tiefer in die Knie, um den ganzen Körper leicht zu entspannen. Die Hände schieben sich nun zueinander, als ob sie über eine Wasseroberfläche gleiten würden, und dadurch bilden sich kleine Wellen darauf. Nun zeichnen die Hände nach vorne einen kleinen

Kreis, in einer bogenförmigen Linie, die zur Seite und langsam wieder in die Mitte zurückführt. Dabei wenden sich die Handflächen langsam nach oben, wo-

bei wir die Finger wie durch Sand gleiten lassen; die Arme bilden nun einen Kreis. Nachdem der Körper leicht angehoben wurde in der kreisenden Bewegung der Hände, sinkt er nun etwas tiefer hinunter.

In der dritten Grundhaltung „Tragen und Umfassen" gelten die gleichen Anforderungen wie in der ersten Übung. Die Höhe des Körpers ist hier etwas geringer als in der ersten stillen Form, d.h. wir gehen etwas tiefer in die Knie. Die Arme bilden einen Kreis. Der Abstand von der Bauchdecke zu den Armen beträgt 1 - 2 Faustbreiten. Die Fingerspitzen sind leicht gespreizt und stehen sich in einem Abstand von 1 - 2 Faustbreiten gegenüber. Es bildet sich eine tragende, umfassende Kraft, so als würden wir einen Ball aus dem Wasser herausheben.

Die Aufmerksamkeit ruht im mittleren Dantian. Noch immer ist der Körper unten „fest" und oben „leer". Ruhig und gelassen wendet sich der Blick zu 7 Teilen nach innen, während der äußere Blick zu 3 Teilen sanft in die Ferne schaut. Ruhe und Frieden breiten sich in uns aus. Wir öffnen unser Herz für das Eine Große, Unbeschreibbare, Unbenennbare. Darin verweilen wir ein paar Minuten.

2.1.4 Reguliere den Atem, beruhige den Geist

Nach der dritten und letzten Basishaltung, folgt die Bewegungsform „Reguliere den Atem, beruhige den Geist". Diese Übung können wir 4 - 8 mal ausüben. Als Ausgangspunkt der Übung sinken wir etwas tiefer in die Knie, um dann

mit leicht steigendem Körper die Hände bogenförmig bis Schulterhöhe nach oben zu schwingen. Die Handflächen wenden sich dabei langsam nach unten.

Hier halten wir kurz an (Ruhestellung). Hände und Unterarme bilden zusammen einen Bogen. Die Ellenbogen weisen eine leicht nach unten führende Kraft auf. Mit dem

anschließenden Sinken des Körpers senken sich die Hände synchron bis zum Unterbauch (Bereich Dantian). Die Handflächen wenden sich dabei langsam nach oben. Wir halten wieder einen Ball in unseren Armen. Dies ist die untere Ruhestellung. Beim Heben der Arme atmen wir ein, beim Senken der Arme atmen wir aus. In den Ruhestellungen können wir den Atem kurz anhalten oder, entsprechend unserem eigenen natürlichen Atemrhythmus, dazwischen ein- und ausatmen. Wir ruhen im mittleren Dantian.

Während der ganzen Bewegungsfolge gilt das Prinzip „oben 3, unten 7". Bei der steigenden Bewegung stellen wir uns vor, wie sich eine Welle aus der Tiefe des Ozeans hervorhebt, auf deren Wellenkamm wir bei der oberen Ruhehaltung unsere Arme legen. Bei der sinkenden Bewegung stellen wir uns vor, wie das Wasser wieder in die Tiefe des Ozeans zurückfließt. Der Geist ist ruhig. Gedanken, die vielleicht auftauchen, lassen wir wie Wolken am Himmel vorbeiziehen. Gelassen und heiter verweilen wir während der ganzen Übung im mittleren Dantian. Unser Geist ruht im kristallklaren Urgrund allen Seins. Freude breitet sich aus.

Nach dem letzten Sinken der Arme und dem Wenden der Handflächen nach oben führen wir die Hände übereinander, indem wir sie kreuzend hochheben. Die Handflächen sind nach innen gerichtet. Wir umarmen den Tiger, lassen die Hände langsam auseinandergehen, wenden die Handflächen nach außen und

senken sachte die Arme bis in die Ausgangsstellung. Wir kehren auf den Berg zurück.

2.2 Der erste T'ai Ji-Kreis: „Die Suche nach der Quelle"

2.2.1 Einleitung

Der erste Kreis[7] ist eine T'ai Ji-Form, die auf der Wu Hsing-Form (Form der 5 Elemente)[8] aufbaut. Es folgen 4 weitere Kreise. Allen Kreisen liegt ein Thema zugrunde, das den Menschen innerhalb einer bestimmten T'ai Ji-Bewegungsform in seinen Innenraum führt. Daraus entsteht ein Wechselspiel von Form und Formlosem, von Körper, Geist und Seele, das außerordentlich dynamisch ist. Körperhaltung, Atem und Vorstellungskraft, die das Fundament der T'ai Ji-Bewegungen bilden, weisen auf den formlosen Innenraum des Menschen hin, den seelischen und psychischen Raum, der auch als heiliger, innerer Raum bezeichnet wird. Oft spiegelt sich diese Art von T'ai Ji-„Arbeit" in Träumen wieder.

Die teilweise klar erkennbaren archetypischen Symbole, die in den T'ai Ji-Formen körperlich zum Ausdruck gebracht werden, tauchen nachts im Schlafen aus dem Unbewußten in den Träumen auf. Dadurch wird uns zusätzlich eine wunderbare Möglichkeit gegeben, unser Bewußtsein zu erweitern (siehe dazu auch Teil III).

T'ai Ji enthält somit im Zusammenwirken mit der Meditation das Potential, den Menschen im allen Aspekten seines Seins wachsen zu lassen.

Das Thema des ersten T'ai Ji-Kreises ist „die Suche nach der

---

[7] Diese T'ai Ji-Form wird von Chungliang Al Huang vermittelt. Es ist mir nicht bekannt, ob er diese Form selbst entwickelt oder von seinen Lehrmeistern in China übernommen hat.
[8] siehe Annette Kaiser, T'ai Ji - verbunden mit Himmel und Erde.

Quelle". Im Englischen gibt es das Wort „The quest". Dieses Wort ist schwierig zu übersetzen, aber es trifft den Nagel auf den Kopf.[9] Man könnte es vielleicht mit der „Suche nach der Quelle" umschreiben, mit dieser Suche nach dem eigenen Ursprung, nach dem eigentlichen Wesen von Leben und Tod. Dies ist für den Menschen das grösste Abenteuer, eine Reise, die in Wahrheit nie zu Ende geht.

Langsam bereiten wir uns nun für die T'ai Ji - Form des 1. Kreises vor. In die Ausgangsstellung zurückgekehrt, halten wir einen Augenblick inne und lauschen. Wir lauschen auf die Stille in uns. Diese innere Ausrichten ist im T'ai Ji-Üben von zentraler Bedeutung.

2.2.2 Die Beschreibung der Form: „Erster Kreis, die Suche nach der Quelle"

Für die erste T'ai Ji-Kreisform gelten folgende Prinzipien, die wir bereits in den stillen Übungen kennengelernt haben:

1) Unten „fest" oben „leer", d.h. die untere Körperhälfte - unterhalb des Bauchnabels - ist fest, stabil, verwurzelt, voller Vitalität und Kraft (7 nach unten wirkende Kräfte) und die obere Körperhälfte - oberhalb des Bauchnabels - ist leer und von hochaufragender innerer Kraft (3 nach oben wirkende Kräfte).

2) Der Blick wird zu 7 Teilen nach innen gewendet. Dies ist

[35] „The quest" ist ein Begriff, der im Mittelalter in der Bedeutung „Wanderschaft", „Suche" oder „Wallfahrt" verwendet wurde. Er wurde auch als Ausdruck für die Suche nach dem hl. Gral gebraucht, zu der König Arthurs Ritter am Ende der Tafelrunde aufbrachen, um das Ewige im unbekannten Land zu suchen.

der „innere Blick". Zu 3 Anteilen schauen wir mit weichem, sanftem Blick nach außen. Meistens ist der Blick auf Augenhöhe in die Ferne gerichtet. Unsere Aufmerksamkeit steht mit dem Blick in Verbindung. Sie wird im Qi Gong auch Vorstellungskraft genannt. Indem wir also dem inneren Blick folgen, wenden wir unsere Aufmerksamkeit ins mittlere Dantian und ruhen in der eigenen Mitte.

3) Den Atem lassen wir vorerst sanft ein- und ausströmen, wie es unserem eigenen Rhythmus entspricht.

4) Unser Herz, unsere innere Ausrichtung, wendet sich dem einen Großen, Unbenennbaren zu. Ruhe und Frieden, Heiterkeit und Gelassenheit breiten sich in uns aus. In der Hingabe an dieses Eine wird jeder Atemzug, jede Bewegung im T'ai Ji zu Seinem Lied, zur Hymne an das Große Tao.

Aus der Grundstellung - die Arme seitlich der Hüften und die Handflächen nach hinten zeigend - lassen wir die Arme langsam nach oben steigen. Die Bewegung entsteht aus dem mittleren Dantian heraus. Eine rundherum öffnende, nach außen strömende Kraft (Qi) wird wirksam, während die Hände mit den Handrücken voran bis Schulterhöhe ansteigen.

Diese Bewegung wird als das „Wecken des Qi" bezeichnet.

Wenn wir auf Schulterhöhe ankommen, wendet sich der ganze Körper in einem Winkel von 45° nach rechts. Da-

bei verlagert sich das Gewicht langsam auf den linken Fuß, die Ferse dreht ca. 15° nach hinten. Der rechte Fuß dreht auf dem Fuß-ballen ca. 70° nach rechts. Am Ende der Bewegung wird er zum leeren, d.h. unbelaste-ten Fuß. Jetzt wird der leere Fuß leicht an-gehoben und zum Körper hinge-

zogen. Während dieser ganzen Drehbe-wegung senkt sich die rechte Hand gleich-zeitig bogenförmig nach unten vor das Dantian, so als wollte sie die eben ge-weckte Energie als einen Ball tragen und halten. Die Handfläche schaut dabei zum Himmel. Während der aus dem mittleren Dantian heraus geführten Drehbewegung nach rechts senkt sich die linke Hand nur leicht bis auf Brusthöhe. Es ist, als ob die Handfläche den unsichtbaren Ball formen würde, indem sie auf ihn gelegt wird. Wir halten einen wunderschönen, in allen Farben schim-mernden Ball vor unserem Dantian. Der Abstand der Hände zum Körper beträgt ca. 2 Faustbreiten. Die beiden Hand-flächen haben eine klare Verbindung zu-

einander durch die beiden Laogongpunk-te. Der rechte untere Arm steht im Verhältnis 7 : 3 zum oberen linken Arm. Wir ruhen im mittleren Dantian.

Im fließenden Übergang schwingen

wir langsam den rechten Fuß in die ursprüngliche Position zurück.

Dabei setzt die Ferse zuerst am Boden auf. Wir verlagern das Gewicht nach rechts, indem sich der Körper nach links dreht. Das linke Bein wird dadurch entlastet und allmählich „leer" (Diese Drehbewegung auf dem linken Fuß geschieht auf dem Fußballen, diejenige des rechten Fußes dagegen auf der Ferse).

Gleichzeitig mit dieser Drehbewegung des Körper nach links, die wiederum dem mittleren Dantian entspringt, wenden sich die Hände spiral- und kreisförmig auf die andere Seite. Der Ball wird „gewendet", so daß die linke Hand am Ende der Bewegung den Ball trägt, während ihn die rechte Hand auf Brusthöhe von oben hält. Wir tragen den imaginären Ball auf der linken Seite in einem Winkel von 45°. Obwohl wir uns bewegen, ruhen wir im mittleren Dantian, in unserer Mitte.

Wir wenden uns nochmals nach rechts, indem wir den linken Fuß langsam ausschwingen und auf der Ferse absetzen. Während dieser Drehbewegung nach rechts wird der

rechte Fuß mehr und mehr entlastet. Auf dem Fußballen nach rechts drehend wird er ganz „leer", hebt sich vom Boden ab und wird leicht zum Körper herangezogen. Synchron dazu wenden wir den imaginären Ball mit beiden Händen spiral- und kreisförmig vor der Körpermitte drehend auf die andere Seite. Somit liegt die linke Hand wiederum oben auf dem Ball, während die rechte ihn hält. Alle Bewegungsimpulse haben ihren Ursprung im Dantian. Der innere Blick ist fest verwurzelt im mittleren Dantian, der äußere Blick schaut sanft in die Weite. Gelassenheit und

Heiterkeit empfindend - ein inneres Lächeln in uns bewahrend -, lassen wir uns in den Tanz des imaginären Balles ein.

Wir schwingen nun das rechte Bein nach rechts aus, setzen den Fuß auf die Ferse ab und verlagern allmählich das Gewicht zu 90% auf den rechten Fuß. Während dieser Bewegung schwingt der rechte Arm auf die rechte Seite in die

Weite; dabei wendet sich die Handfläche nach unten. Der linke Arm senkt sich gleichzeitig bogenförmig nach unten, als ob er dem zauberhaften Ball einen Drall geben wolle, um besser in die Weite fliegen zu können. Die linke Hand beendet ihre Bewegung vor der rechten Hüfte, die Handfläche ist dabei nach oben gerichtet. Beide Hände koordinieren ihre Bewegung, so daß ein „fließendes Miteinander" entsteht. Der Kopf folgt der Bewegung des Rumpfes völlig natürlich. Die Bewegungen

der Arme und Beine sind ebenfalls koordiniert. Wir ruhen im Dantian. Der äußere Blick ist weich; es ist, als würden wir wie durch Nebelfelder blicken, ohne genaue Konturen festzustellen; und wir schauen dem imaginären Ball nach, der sanft in die Weite des Universums gestoßen wurde. Wir berühren damit die Sterne des Himmels; unsere Energie hat die Möglichkeit, über alle Fingerspitzen hinaus das Universum zu berühren,
ja es zu durchdringen. Gleichzeitig sind wir im Stand fest verankert und verwurzelt.

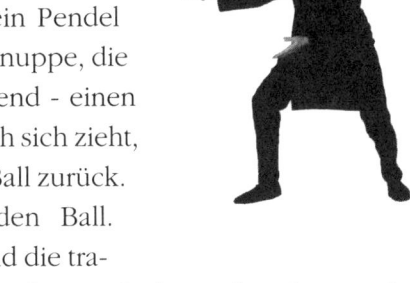

Die in die Weite gesandte Energie kommt ähnlich wie ein Pendel zurück. Wie eine Sternschnuppe, die - vom Himmel herkommend - einen goldigen Lichtschweif nach sich zieht, so kommt der imaginäre Ball zurück. Die Arme empfangen den Ball. Zunächst ist die linke Hand die tra-

gende Hand, der rechte Arm senkt sich bogenförmig nach unten. Das Gewicht verlagern wir langsam auf beide Beine, wobei die Füße nach vorne schauen. Sind beide Beine gleichmäßig belastet, so befinden sich beide Arme unten vor dem Körper, die Handflächen in einem Abstand von ca. 3 Faustbreiten zueinander gerichtet. Wie ein Pendel schwingen die Arme weiter und gehen dabei auf die linke Seite bis auf Schulterhöhe, wobei sich der Körper ebenfalls ca. 45° nach links dreht. Der linke Fuß wird dabei zu 70% belastet. Die beiden Arme fassen sich kreisförmig, als wollten sie die aus dem Universum zurückkommende Energie umfassen. Das Gewicht wird dabei vom linken auf den rechten Fuß verlagert (betrifft 90% des Gewichts; der Körper ist nach Südosten= SO ausgerichtet). Die Arme bilden eine Art Schild zum Schutz gegen außen. Dabei wird der Ball als leerer Raum in der eigenen Mitte auf Brusthöhe gehalten. Beide Arme formen eine Bogenlinie, die Ellenbogen haben eine leicht nach unten und außen wirkende Kraft. Dabei wirkt auch eine schließende Kraft zwischen den Armen sowie den Händen im inneren Kreis. Das Verhältnis von schließender zu öffnender Kraft ist 7:3. Noch immer sind wir in der unteren Körperhälfte fest und in der oberen leer (7:3). Die linke Hand liegt mit 4 Fingern quer über dem rechten Handgelenk. Dies ist eine klassische Körperabwehrhaltung der Arme. Die schwächste Stelle liegt hier im rechten Arm beim Handgelenk. Sie wird durch die linke Hand gestützt. Somit entsteht ein Kreis oder Schild, in das nicht von außen eingedrungen werden kann.

Dies ist eine wunderbare T'ai Ji-Stellung. Wir ruhen in unserer Mitte. Unser Schild wird vom Dantian aus unsichtbar getragen. Das Dantian ist das Zinnoberfeld, d.h. das Gefäß, das unsere Lebensenergie bewahrt. Das Qi (die Lebensenergie) pulsiert durch uns hindurch und strahlt als Magnetfeld um uns herum aus. Jeder Mensch hat eine Intimsphäre um sich, ein magnetisches Feld (oft als Aura bezeichnet), das ganz einzigartig ist. Dieses Feld um uns herum, dieses unsichtbare, in verschiedenen Farben leuchtende Licht, hat meistens genau die Ausdehnung, wie es die T'ai Ji-Schildstellung mit den Armen nach vorne anzeigt. Suchen wir eine komfortable Distanz bzw. Nähe zu uns unbekannten Menschen, so wählen wir unbewußt oft genau diesen Abstand.

Dadurch überschneiden sich die beiden intimen, persönlichen Magnetfelder nicht. Die Schildposition bringt uns somit in Kontakt mit unserem ureigenen Kraftfeld, zunächst in Abgrenzung gegenüber dem Andern. Wir sind in der eigenen Mitte, halten symbolisch einen leeren Kreis, dieses unsichtbare Etwas. Ganz zentriert und verwurzelt im Dantian wenden wir unser Herz dankend dem Einen zu. Wir leben - wir leben - als einzigartige Wesen, in Seinem Bilde geschaffen.

Unser Schild tragen wir nun von der linken auf die rechte Seite. Das Gewicht verlagern wir zunächst langsam auf den linken Fuß (bis 70%), der sich auf der Ferse langsam nach vorne wendet, während sich der rechte Fuß auf dem Fußballen ebenfalls nach vorne dreht (Richtung Süden=S). Dabei dreht sich der Körper mit.

Wir verlagern nun das Gewicht gleichmäßig auf beide Füße; der Körper dreht sich weiter nach rechts. Der rechte Fuß dreht sich auf dem Fußballen mit und wird langsam zu 90% belastet. Wir sind wieder im Bogenschritt, d.h. linker Fuß ca. 10°, rechter Fuß ca. 70° nach rechts gedreht. Der Körper schaut in Richtung Südwesten=SW. Die Drehung entsteht

aus dem Dantian. Wir sind unten fest und oben leer. Während der Drehung nach rechts empfinden wir zwischen den Armen eine sich ausdehnende, wachsende Kraft, so als wollte sich der Ball auf alle Seiten ausdehnen. Diese Kraft wird so stark in ihrer Ausdehnung, daß wir die Arme

lösen und seitlich um den Ball herum die Arme nach hinten schwingen. Die Hände machen eine kreisförmige Bewegung nach hinten, bis sie seitlich etwas oberhalb der Hüften anhalten, Dabei verlagern wir das Gewicht zu 90% auf das hintere Bein, d.h. den linken Fuß. Die Kraft sammelt sich im mittleren Dantian.

Nun stoßen wir diese Energie, den imaginären großen Ball, von hinten mit beiden Händen von uns weg, als wollten wir den Ball auf eine Reise rund um die Welt schicken. Dabei verlagert sich das Gewicht zu 70% auf den vorderen Fuß. Der Stoß hat eine langsam sich ausbreitende Kraft, die in Verbindung mit dem mittleren Dantian steht. Wir sind unten fest,

voller Vitalität und Kraft, oben hochaufragend und leer.

Mit den Armen, Händen und dem ganzen Körper folgen wir der kreishaften Bewegung unseres Balls, der von der rechten Ecke (SW) über die Mitte (S) in die linke Ecke (SE) auf unterer Brusthöhe rollt. Dabei wird das Gewicht vom rechten Bein über eine gleichmäßige Verteilung auf beide Beine langsam auf den linken Fuß verlegt. Die Füße drehen sich dabei mit, so daß wir in der Endposition zwischen den Füßen einen Winkel von 70° haben. Der ganze Körper, auch das Becken, sind in der Endposition der linken Ecke zugewandt.

Wichtig bei diesem Bewegungsabschnitt ist, daß unser Körper hoch aufgerichtet bleibt. Die Wirbelsäule neigt sich nicht nach vorn. Zudem sollten die Knie in einer senkrechten Linie über den Fußspitzen bleiben und nicht darüber hinaus gehen. Die Arme bewegen sich parallel in Kreisform und sind leicht gebogen, d.h. die Ellenbogen haben eine nach unten wirkende Kraft und die Handflächen sind dem Boden zugewendet. Von den Armen über die Hände und Fingerspitzen hinaus wirkt eine nach außen spiralende Kraft, die in Berührung bleibt mit dem Energieball, der wie ein Satellit um die Erde kreist. Trotz der Weite dieser Bewegung bleiben wir mit unserer Aufmerksamkeit und dem inneren Blick ruhend im mittleren Dantian. In der Vorstellung sehen wir[10] unsere Erde, den wunderschönen Planeten, als blau-weiße Perle, die gleißend, in Form einer Ellipse, durch das schwarze Universum kreist. Um diesen lebendigen Organismus, den Planeten Erde, der sich zur Zeit in großer Wandlung befindet, schicken wir unseren kleinen Energieball rundherum. Ruhend im Dantian, in Harmonie und Frieden mit uns und der Mutter Erde, sind wir achtsam im kleinen wie im großen - es ist Seine Schöpfung, und wir sind ein Teil davon.

Ist der imaginäre Ball in der linken Ecke (SO) angekommen, so haben wir das Gewicht ganz auf den linken Fuß verlegt. Der Ball kommt nun zu uns zurück. Dabei wird der leere, entlastete rechte Fuß einen Schritt diagonal nach hinten gesetzt. Wir setzen den Fuß mit der Fußspitze auf und verlagern, koordiniert mit der Armbe-

---

[10] Im T'ai Ji wird die Vorstellungskraft so angewandt, daß die „Bilder" wie durch Nebelschwaden hindurch „gesehen" werden. Die Vorstellungskraft soll nicht zu „scharf" und nicht zu „schwach" wirken, in der Weise etwa, wie die berühmten chinesischen Tuschmaler ihre bezaubernden Landschaftsbilder malen.

wegung, das Gewicht zunächst zu 70% auf den rechten Fuß. Wir stehen in der Bogenschritt-Fußposition (Fußwinkel = 70°). Mit diesem Rückwärtsgehen empfangen wir den Ball in unseren Armen. Wir senken die Arme, die Handflächen wenden sich nach oben. Die Hände werden bogenförmig links und rechts von der Hüfte geführt. Wir haben dabei eine offene, empfangende Haltung.

Die Kraft kehrt zurück ins Dantian. Wir stoßen eine Kraft aus, und sie kommt verwandelt zurück. Es ist ein Kreislauf wie unser Atem: universelles Qi, das wir beim Einatmen aus dem Universum aufnehmen und mit dem Ausatmen wieder zurückgeben. Ein Geben und Nehmen, eine öffnende und schließende Bewegung, Ebbe und Flut gleich. Im T'ai Ji ist es wichtig, diese „schließende", einsammelnde Bewegung bewußt zu üben. Es ist eine Bewegung, die Kraft sammelt. Das Qi kehrt zu seinem Ursprung, dem Dantian, zurück. Die Bewegung ist besonders schön, weil die Kraft von selbst zu uns zurückkehrt. Wir können einfach empfangen. Es ist wie ein Geschenk, das wir erhalten und in unsere eigene Mitte, ins Dantian, nehmen können. Und gerade dieses einfache Zulassen und Empfangen, ohne daß wir etwas dafür tun müssen, ist für uns westliche Menschen gar nicht so einfach.

Spüren wir aus der Bewegung heraus, wie diese Kraft im Dantian angekommen ist, so lassen wir sie im ganzen Körper ausstrahlen wie das innere Lächeln. Dabei wird das Gewicht zu 90% auf das rechte Bein verlagert. Gleichzeitig drehen wir auf dem rechten Fußballen in einem Winkel von 90° nach rechts (W). Am Schluß der Drehbewegung ist der ganze Fuß wieder gleichmäßig belastet. Der Körper schaut auf die rechte Seite (W). Der linke Fuß dreht auf dem Fußballen etwas später (versetzt zum rechten Bein) ebenfalls nach rechts und bleibt in dieser Position, d.h. der Fuß wird nur auf der vorderen Hälfte zu 10% belastet. Die Arme schwingen dabei von unten nach rechts oben, wobei sie sich langsam zu der Handstellung „Vogelschnabel" formen. Daumen und Mittelfinger werden dabei aufeinander gelegt, die anderen Finger schmiegen sich den beiden kreisförmig an. Beim seitlichen Schwung nach rechts, bei dem sich der Körper ebenfalls mitdreht, bildet die rechte Hand einen nach unten hängenden

Vogelschnabel, während die linke Hand einen nach oben gerichteten Vogelschnabel formt. Am Ende der Drehbewegung nach rechts treffen sich die beiden Vogelschnäbel auf Schulterhöhe des rechten Armes. Beide Arme sind dabei nach rechts gerichtet, d.h. vor der rechten Körperseite bogenförmig ausgestreckt. Die Arme bilden einen leeren, ellipsenförmigen Raum zwischen Händen und Körper. Mit dem Aufeinandertreffen der beiden Vogelschnäbel hat sich die aus dem sprudelnden Quellpunkt aufsteigende Kraft, die sich im Dantian sammelt und von da in den ganzen Körper ausströmt, vollständig ausgebreitet. Es ist, als würde diese Stellung etwas in uns kristallisieren lassen und vollenden. Wir können uns auch vorstellen, daß wir in die auf uns zuströmende Lichtenergie hineintauchen. Sie erfüllt uns ganz, ja, sie umhüllt uns. Genau in diesem Moment, in dem der Prozeß des Umhüllens und Auffüllens abgeschlossen ist, treffen sich die Fingerspitzen in der Vogelschnabel-Handstellung. Wir befinden uns damit in einer großen Energiekugel, geschützt und aufgehoben, voller Licht, Kraft und Vitalität. Wir ruhen im mittleren Dantian, geborgen und aufgehoben in der Mitte. Unser Herz ruht in der Stille, vollkommener Friede breitet sich aus. Unser Atem ist tief und sanft.

Wir verlegen nun das Gewicht ganz auf das rechte Bein. Das linke Bein löst sich vom Boden, setzt langsam den linken Fuß zur Seite (O) auf, wobei sich das Gewicht allmählich auf diesen Fuß verlagert. Die linke Hand öffnet sich gleichzeitig, die Handfläche ist dem Körper zugewendet. Der linke Arm schwingt dabei kreisförmig von der rechten (W) auf die linke (0) Seite.

Der Arm bleibt in einer runden, nach unten geneigten Bogenstellung, als läge ein Ball darin. Der rechte Arm bleibt in der Vogelschabelstellung. Die Armbewegung wurzelt in einer Körperdrehbewegung aus dem Beckenraum. Diese beginnt rechts (W) und setzt sich langsam, einhergehend mit einer Gewichtsverlagerung auf den linken Fuß, nach (S0) fort. Der rechte Fuß dreht sich auf der Ferse von (S) nach. Er wird noch zu 30% belastet. Nach diesem Schwung von rechts nach links verlagern wir das Gewicht auf beide Beine in die Mitte zurück. Dabei wird die linke Handfläche in senkrechter Position gehalten und mit einer nach außen stoßenden Kraft nach links (0) gewendet. Dies ist nun die Endstellung des „Peitschenbewegungsablaufes".

Die rechte Hand ist in der Vogelschnabelposition nach rechts gerichtet (W) und die linke Hand mit aufgestellter Handfläche weist nach Osten. Wir stehen in der eigenen Mitte, ruhend im Dantian, oben leer, unten fest. Auch dies ist eine herrliche T'ai Ji-Position, wobei Stellungen im T'ai Ji grundsätzlich nie festgehalten werden, sondern sich wie ein Wolkengebilde am Himmel ständig verändern - darin spiegelt sich der ewige Wandel des Universums. Die Endposition der „Peitsche" erhält ihre innere Dynamik und Kraft aus dem gesamten Bewegungsablauf. Für den Bruchteil einer Sekunde stehen wir einem Symbol aus einer andern Welt gleich da: vielleicht wie eine ägyptische Gottheit, die - links und rechts zwei Waagschalen - „Gut und Böse" im Leben bemißt, oder wie die Symbole Yin und Yang (das aktiv nach außen Wirkende und das passiv nach innen Empfangende), die sich im Herzen der Herzen in der eigenen Mitte ausbalancieren. Wie in einer Lichtsäule stehend, verbinden wir uns mit dem einen Großen, ruhend im eigenen Dantian, seelisch verbunden - welche Offenbarung!

Wenn wir in uns hineinhorchen, spüren wir in fast jeder Körperhaltung etwas Verborgenes, das zum Ausdruck kommen möchte. Es tauchen Bilder, Gefühle und Erinnerungen auf. Symbole, angenehme oder unangenehme, steigen aus dem Unbewußten empor. Der Körper hat seine eigene Weisheit und ruft uns auf seine Weise, um uns neue Lebenszusammenhänge bewußt zu machen. Da jeder Mensch einzigartig ist, können diese Bilder, Empfindungen und Symbole auch völlig verschieden sein. Lassen wir unsere eigene Weisheit in uns sprechen.

Jetzt verlagern wir das Gewicht langsam auf das rechte Bein,

während der linke Arm nach oben strebt und der rechte Arm nach unten sinkt. Ist der linke Fuß leer, so setzen wir ihn in einem kleinen Schritt nach hinten, die Fußspitze ist leicht nach links gedreht. Der Fuß wird in einer geraden Linie nach hinten geführt, so daß der schulterbreite Abstand zwischen den Füßen bleibt. Wir verlagern das Gewicht zu 90% auf den linken Fuß, während die Arme mit zum Körper hin kreisenden Bewegungen die Kräfte von Himmel und Erde verbinden. Der linke, zum Himmel gewandte Arm sinkt dabei zur Erde, während der rechte Arm steigt und sich, nach innen neigend, wieder hinuntersenkt.

Nochmals steigt der linke Arm zum Himmel. Die Kräfte des Himmels und der Erde verbinden sich in unserer eigenen Mitte. Der

Mensch wird zum Brennpunkt der beiden polaren Urkräfte. Wir ruhen im mittleren Dantian, und der äußere Blick sieht sanft in die Ferne. Wir sind unten fest verwurzelt, stabil und voller Vitalität, oben sind wir leicht und hochaufragend. Das Qi sammelt sich im Dantian. Der Atem fließt ruhig und tief im Beckenraum.

Das torlose Tor

Mit diesem T'ai Ji - Bewegungsabschnitt beginnt nun, symbolisch betrachtet, die eigentliche Suche nach der eigenen Quelle in uns. Wir öffnen dabei eine Türe und gehen durch das torlose Tor hindurch auf die Suche nach der Essenz unserer Quelle. Dieser Bewegungsablauf wird im traditionellen chinesischen T'ai Ji „der Kranich öffnet die Flügel" genannt. Vom mittleren Dantian ausgehend heben wir den rechten Arm senkrecht empor. Eine schneidende Kraft zwischen Daumen und Zeigefinger wird

wirksam. Wir zeichnen mit der rechten Hand eine Türspalte nach, dort, wo die beiden Flügel des torlosen Tores die Pforte verschlossen halten. Ist die rechte Hand knapp oberhalb des Kopfes angekommen(die Handfläche schaut dabei nach links), öffnen wir symbolisch das Tor mit einer kreisförmigen Handbewegung nach rechts. Dabei wendet sich der ganze Arm langsam nach rechts, der Ellenbogen steht jetzt seitlich mit nach unten wirkender Kraft. Mit dieser Bewegung, die äußerlich betrachtet hauptsächlich eine seitlich öffnende Bewegung des Ellbogens ist, wird der ganze Brustraum weit und offen. Sowie der rechte Arm aufsteigt, senkt sich gleichzeitig der linke Arm kreisförmig seitlich nach hinten hinunter und kommt über der

Leiste des linken Beines zu liegen. Mit
der öffnenden Bewegung des rechten
Armes öffnet sich auch der Beckenraum
leicht, indem der rechte Fuß auf der Ferse nach rechts gedreht wird (30°). Das Gewicht verlagert sich langsam auf den rechten Fuß. Der linke Fuß wird knapp über
dem Boden in gerader Linie nach vorne gezogen und in derselben Richtung nach vorne auf der Ferse abgesetzt (Fußspitze schaut
nach S).

Mit dieser Bewegung sind wir durch das torlose Tor hin-
durchgeschritten und betreten symbolisch einen neuen Raum.
Und wiederum wird ein weiteres, zweites Tor sichtbar. Wir öffnen die Türe, indem wir nun die linke Hand mit schneidender
Kraft von unten nach oben aufsteigen las-
sen. Die Handfläche ist dabei nach rechts
gewendet. Der rechte Arm senkt sich
kreisförmig nach hinten und kommt über
der Leiste des rechten Beines zu liegen, genau im komplementären Bewegungsablauf
und im selben Rhythmus wie der linke Arm.
Wiederum öffnet der linke Arm das Tor mit
einer kreisförmigen Hand-Arm-Bewegung
auf die linke Seite, während sich der linke
Fuß auf der Ferse um ca. 35° nach links
außen mitdreht. Damit haben wir, körperlich erfahrbar, den linken Brustraum und den
Beckenraum als ganzes sanft und leise geöffnet. Wir verlagern
nun das Gewicht ganz auf den linken Fuß, drehen den leeren
rechten Fuß in gerader Position nach vorne (S), ziehen den Fuß
knapp über dem Boden geradlinig nach vorne und setzen ihn auf

der Ferse ab; das Bein wird zu 10° belastet. Wir haben nun das zweite Tor durchschritten, ein zweiter Schleier hat sich gelüftet. Wir wurden ein zweites Mal „ent-täuscht", befreit von einer Illusion. Unsere Aufmerksamkeit ruht im mittleren Dantian.

Und so wie in vielen Märchenerzählungen drei Prüfungen oder drei Wünsche vorkommen, so liegt nun auch hier ein drittes Tor vor uns. Während sich der linke Arm seitlich kreisförmig nach hinten senkt, hebt sich die rechte Hand senkrecht mit schneidender Kraft über den Kopf empor. Wir öffnen das letzte torlose Tor mit einer kreisförmigen, nach rechts außen öffnenden Hand- und Armbewegung. Das rechte Bein dreht sich auf der Ferse ebenfalls ca. 30° nach rechts. Brust- und Beckenraum werden dabei leicht geöffnet, tiefe Ruhe strömt aus dem mittleren Dantian. Das Gewicht verlegen wir nun ganz auf das rechte Bein; das linke wird leer und in gerader Position gedreht (S). Es wird oberhalb des Bodens nach vorne gezogen, auf der Ferse abgesetzt und zu 10% belastet. Wir haben das dritte Tor durchschritten und ein unbegrenzter Raum eröffnet sich uns. Symbolisch sind wir uns auf unserer Suche nach dem Geheimnis einen Schritt näher gekommen. Das Geheimnis, die Quelle allen Seins und Nichtseins, liegt in uns selbst, irgendwo, im Innern, im ortlosen Ort, seit ewig wartend und uns rufend.

Dies ist ein ganz spezieller Augenblick in der T'ai Ji-Form des ersten Kreises; nach diesen 3 Toren - sie symbolisieren als Hindernisse vermutlich die von uns selbst einmal zugemachten Türen -, die wir nach vorne schreitend geöffnet und durchschritten haben, liegt nun vor uns ein Raum, den wir, wollen wir dessen Bedeutung erfahren, nur ganz allein betreten können. Dieser verborgene Raum wird auch als heiliger, innerer Raum bezeichnet. Er liegt im Herzen - und selbst diese Lokalisation ist ungenau - er liegt im Herzen der Herzen, jenseits des verstandesmäßigen Begreifens. Hier gehen wir völlig in die Stille, in unseren eigenen heiligen Raum, ruhen in der eigenen Mitte.

Wir verlagern nun langsam das Gewicht zu 70% auf den linken Fuß, während die linke Hand kreisförmig nach vorne bis auf Gesichtshöhe aufsteigt. Der rechte Arm bewegt sich gleichzeitig kreisförmig nach hinten weiter und folgt dann der linken Hand nach. Diese kreisförmige Bewegung führt nach vorne oben bis leicht oberhalb der Kopfhöhe. Der Abstand zwischen den Handflächen beträgt 2 Faustbreiten. Es ist eine nach oben geöffnete Armstellung, eine Stellung, als würden wir - in einer Waldlichtung stehend - uns des Lichtes in uns bewußt werden.

Die rechte Hand bewegt sich nun auf eine kleine Bogenlinie über die linke Hand hinaus - 2 Faustbreiten Abstand einhaltend - nach hinten zum Körper, wo sie auf Brusthöhe innehält. Das Gewicht verlagert sich dabei gleichmäßig auf beide Beine. Wir stehen im Bogenschritt, d.h. der Winkel zwischen den Füßen beträgt 70°. Der linke Fuß ist in dieser

Position nach vorne (S), der rechte Fuß nach WSW gerichtet. Auch die Arme sind nun in der Bogenstellung. Der linke Arm symbolisiert den Bogen, der in einer Linie mit dem Knie steht. Der linke Arm selbst ist gebeugt und doch rund. Der Ellenbogen hat eine nach unten wirkende Kraft. Die Handfläche schaut nach rechts, wir haben somit ein offenes Tigermaul, d.h. zwischen Daumen und Zeigefinger ist ein offener Raum, in den sich der Mond hineinlegen könnte. Dieser Raum liegt auf Gesichtshöhe, so daß wir mit dem nach außen gerichteten Blick gezielt und doch entspannt nach vorne schauen können, so als wollten wir wie beim Bogenschießen die Zielscheibe ins Visier nehmen. Wir ruhen vollkommen im Dantian, sind unten fest, vital und voller Kraft; oben leicht, leer und hochaufragend. Der Atem fließt ruhig und sanft. Die uns in weiter Ferne vorgestellte Zielscheibe steht mit unserem Dantian in Verbindung. Nicht die Augen führen den Pfeil, sondern unser innerstes Zentrum.

Nun spannen wir den Bogen, indem die rechte Hand kreisförmig nach hinten unten zieht. So wird die Sehne gleichsam in bogenförmiger Bewegung gespannt. Wir ruhen im mittleren Dantian, dort wo die Kraft ihren Ursprung hat. Wir sind vollkommen aufmerksam und in einem Bruchteil einer Sekunde - so wie der Schnee plötzlich von einem Bambusblatt fällt - lassen wir den Pfeil los. Er fliegt ins Schwarze der imaginären Zielscheibe hinein. Dieses nach außen projizierte Geschehen spielt sich - immer in Nebelschwaden gehüllt - auf einer inneren Ebene in uns selbst ab. Der Pfeil trifft das eigene Zentrum, das Dantian. Wir sind hellwach, im Jetzt, ruhend in unserer eigenen Mitte und nehmen diesen neuen Impuls in uns wahr.

Das Bogenschießen ist im T'ai Ji von tiefer Bedeutung. Es ist die kunstlose Kunst, Bogen, Pfeil, Ziel und Schütze eins werden zu lassen. Das bedeutet Meisterschaft im Menschsein zu erlangen: - Übend - nicht übend - im Spannen des Bogens, im absichtslosen Loslassen des Pfeiles, im Zurückkehren in die Gegenwart des Herzens, zum Ursprung. Inneres und Äußeres verbindend - die innere Haltung und Ausrichtung werden mit der äußeren Handlung eins. Die Leere des Bogens geht mitten durch uns hindurch.

Indem wir nun diesen Impuls, das absichtslose Loslassen des Pfeiles und das Eintreffen in die Zielscheibe (=Dantian) wahrnehmen, verlagern wir das Gewicht langsam auf das rechte, hintere Bein.

Der linke Arm senkt sich kreisförmig und schwingt mit dem jetzt leeren linken Bein gleichzeitig geradlinig nach hinten. Mit dem Aufsetzen des linken Fußes dreht sich der Körper langsam nach links (O), wobei sich der linke Fuß nach links dreht. Der linke Fuß wird zu 70% belastet, der rechte Fuß, zu 30% belastet, dreht sich auf der Ferse ebenfalls nach links (O).

Der linke Arm schwingt inzwischen von unten nach oben in N-Richtung bis Schulterhöhe weiter. Der rechte Arm steigt während der Drehung ganz langsam ebenfalls bis auf Schulterhöhe. Der rechte Arm zeigt nun Richtung S, was sich aus der Körperdrehung von selbst ergibt. Jetzt schwingt der rechte Arm kreisförmig nach unten und weiter nach oben in Richtung des linken Armes (N). Dabei bewegt sich die rechte Hand bogenförmig über die Höhe der linken Hand. Die Handflächen sind ca. 1 Faustbreite voneinander entfernt und schauen zueinander. Dies ist eine einsammelnde Bewegung, so als wollten wir nach dem ersten Bogenschuß unsere Kräfte neu sammeln. Am Ende der kleinen Bogenbewegung über die linke Hand wenden wir unseren Körper langsam nach vorne (S). Der

linke Fuß dreht sich dabei auf dem Fußbal-

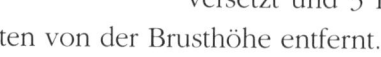

len in die Bogenschrittstellung (der Winkel zum rechten Fuß beträgt 70°). Mit der Drehung des Körpers nach vorne schwingen die Arme ebenfalls bogenförmig mit nach S. Am Ende dieser Drehbewegung sind die Arme in der Bogenstellung. Der rechte Arm bildet nun den zweiten Bogen, die Hand befindet sich auf Gesichtshöhe. Die linke Hand ist parallel leicht nach hinten versetzt und 3 Faustbreiten von der Brusthöhe entfernt.

Wir stehen gesammelt im Dantian, unserer eigenen Mitte. Der innere Blick ist fest verwurzelt, der äußere Blick ist durch das Tigermaul hindurch nach vorne auf die imaginäre Zielscheibe gerichtet.

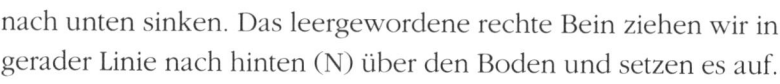

Nun spannen wir den zweiten Bogen, der etwas größer ist als der erste. Der linke Arm bewegt sich bogenförmig nach hinten, so als wollte er den Bogen spannen.

Der Pfeil fliegt ab, und wir verlagern das Gewicht auf das linke Bein und lassen den rechten Arm nach unten sinken. Das leergewordene rechte Bein ziehen wir in gerader Linie nach hinten (N) über den Boden und setzen es auf.

Der Körper wird gleichzeitig mit dem Fuß nach rechts (W) gedreht, während sich der rechte Arm bis Schulterhöhe kreisförmig anhebt (N). Das rechte Bein wird allmählich zu 70% belastet, der linke Fuß wird auf dem Fußballen ebenfalls nach rechts (W) gedreht. Koordiniert mit dieser Bewegung schwingt der linke Arm in sammelnder Bewegung nach hinten (N) über die rechte Hand hinaus. Danach verlagern wir das Gewicht in die Mitte, wobei wir den Körper wieder nach vorne wenden (S). Der linke Fuß dreht auf der Ferse, der rechte Fuß auf dem Fußballen nach vorne. (In der Endposition ist der linke Fuß nach S ausgerichtet und der rechte Fuß steht in einem 0°-Winkel Richtung SWS dazu).

Die Arme folgen der Körperdrehung und sind nach vorne (S) gewendet. Sie befinden sich wiederum in der Bogenstellung. Wir ruhen im Dantian - und spannen gelassen den Bogenarm (Yinhand), der rechte Arm bewegt sich kreisförmig nach hinten unten (Yanghand), so als wollte er die Sehne des Bogens spannen. Und

dann, plötzlich - im richtigen Augenblick - schnellt der Pfeil von der Sehne dem Ziel entgegen. Es ist dies der dritte Schuß. Wir verlagern das Gewicht auf den rechten Fuß und schwingen den linken Arm nach hinten. Gleichzeitig wird der linke Fuß in gerader Linie nach hinten abgesetzt (N), und wir drehen ihn nach links. Der ganze Körper folgt dieser Drehung.

Das Gewicht verlagern wir nun zu 70% auf den linken Fuß, der rechte Arm schwingt gleichzeitig von vorn nach hinten.

Nachdem wir unseren dritten und letzten Bogen gespannt haben, sammeln wir dieses Mal vollständig ein. Der Körper dreht sich dabei so weit wie möglich nach links weiter; dabei dreht sich auch der linke Fuß nach N und der rechte Fuß

nach NO. Der rechte Arm sammelt durch den linken bogenförmigen Arm hindurch, wobei sich die Handfläche nach oben wendet. Jetzt wird das Gewicht zu 90% auf das rechte Bein verlagert, der linke Fuß ist nur zu 10% auf der Ferse aufgesetzt. Wir wenden den Kopf so weit in die Drehrichtung, daß der äußere Blick - einmal haben wir uns um die eigene Achse gedreht - nach vorne gerichtet wird. Auch die rechte Hand zeigt auf Brusthöhe nach vorne, während die linke leicht bogenförmig gesenkt wird. Dies ist eine enorme Drehbewegung, die durch den ganzen Körper hindurch spiralförmig erfolgt. Ist diese an ihre Grenzen angekommen, ergibt sich die auflösende Bewegung wie von selbst. Wie eine aufgezogene Stahlfeder einer Uhr, deren „Spannung" langsam mit der Zeit spiralförmig aufhört, lassen wir die „gespannte" Körperdrehung los. Dabei schwingt der rechte Arm in einer großen horizontalen Kreisbewegung zurück nach rechts, die Handfläche ist nach unten gewendet. Der linke Arm folgt leicht verzögert der Bewegung des rechten Armes. Wir drehen den linken Fuß auf der Ferse langsam nach SO, wobei wir diesen Fuß allmählich belasten. Dies ermöglicht dem rechten Fuß, sich auf dem Fußballen nach vorne (S) zu drehen. In der Endposition ist das Gewicht zu 90% auf dem linken und zu 10% auf dem rechten Fuß. Trotz der großen Drehung sind wir fest im unteren Teil des Körpers verankert und ruhen im Dantian, wo sich unsere Drehachse befindet. Im oberen Körperteil sind wir leicht, leer und hochaufragend. Der Schwung des rechten Armes verlangsamt sich und läuft bis auf die rechte Seite (W) weiter. Dabei macht die rechte Hand eine kreisende, einsammelnde Bewegung von außen nach innen. Der linke Arm senkt sich bis zur linken Hüfte, wobei die Handfläche nach unten gerichtet wird.

Jetzt lösen wir unser rechtes Bein vom Boden und steigen über den schlafenden Tiger, der

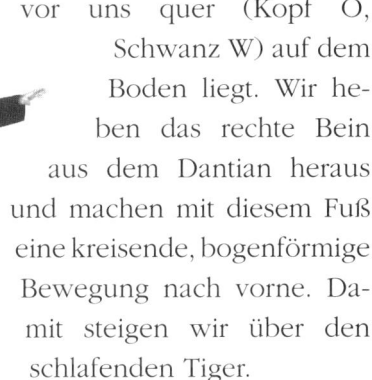

vor uns quer (Kopf O, Schwanz W) auf dem Boden liegt. Wir heben das rechte Bein aus dem Dantian heraus und machen mit diesem Fuß eine kreisende, bogenförmige Bewegung nach vorne. Damit steigen wir über den schlafenden Tiger.

In der Wu-Hsing-Form (Form der 5 Elemente) haben wir den Tiger umarmt - hier schläft der Tiger am Boden. Dies ist eine neue Situation. Der Tiger ist etwas sehr Geheimnisvolles; er wird uns durch alle 5 Kreise hindurch begleiten. Seine Symbolik und Bedeutung wirklich zu erkennen, bedeutet zutiefst, sich selbst zu erkennen. Noch schläft der Tiger im ersten Kreis - erst im dritten Kreis wird er uns seine wirkliche Macht offenbaren (vgl. Der Tiger, Abschnitt 3.3.3).

Während wir über den schlafenden Tiger steigen, bewegt sich der rechte Arm kreisförmig oberhalb der Hüfte mit nach vorne, zieht noch weiter nach rechts und kehrt zur Hüfte zurück. Der linke Arm läßt die Drehbewegung zu, die entsteht, indem wir über den Tiger steigen. Der ganze Arm ist passiv, da das Yin regiert. Und doch ist er lebendig und in klarer Verbindung mit der gesamten Bewegung des Körpers.

Nun setzen wir die Ferse des rechten Fußes auf den Boden und verlagern langsam das  Gewicht darauf. Die Fußposition ist 45° seitlich gerichtet (SW). Während sich die rechte Hand zur Faust (der Yangaspekt = die Sonnenhand) formt, die auf die rechte Hüfte zu liegen kommt, gleitet der linke Arm bogenförmig nach vorne (S). Dabei wird die linke Hand zur Mondhand, die auf der Höhe des Dantians in einem Abstand von ca. 3 Faustbreiten zur Bauchdecke dort in ihrem Schwung anhält. Jetzt setzen wir den linken Fuß nach vorne ab und verlagern das Gewicht bis zu 70% darauf. Gleichzeitig schieben wir die rechte Sonnenhand (Yang) nach vorne und stoßen sie durch den zwischen Zeigefinger und Daumen leeren Raum der Mondhand. Die Handfläche der linken Hand schaut zur Erde. Yin und Yang treffen aufeinander - dies ist ein Moment wunderbarer  Kraft; es ist, wie wenn ein positiver und negativer Strom gleichsam aufeinanderprallen. Der Kontakt ist hergestellt, und der Kreislauf ist damit geschlossen. Yin und Yang werden in einem Augenblick, äußerlich sichtbar in der Form, zur untrennbaren Einheit. Der Schlag ist Ausdruck des inneren Geschehens im Dantian. Ein Moment des vollkommenen „Eingemittetseins" wird erfahrbar, wir sind ausgerichtet auf den einen Punkt. Kein Rechts, kein Links, kein Unten, kein Oben, nur dieses Eine: gelassen ruhend und voller Heiterkeit im Dantian. Das Aufeinandertreffen geschieht aber letztlich auf der innersten Ebene, im Herzen, als Einssein mit dem Einen, dem großen Tao.

Die Faust öffnet sich sanft und tiefgreifend in der Schlagrichtung nach dem Aufeinderprallen mit dem leeren Raum. „Aus der Faust heraus wächst eine Lotosblume" sagt die chinesische Tradition. Etwas Neues entsteht und wächst, eine weitere Dimension des Seins berührt uns. Wunderbar - geheimnisvoll! Die rechte Hand öffnet sich, einer Blume gleich, ganz nach unten und vollendet damit den Stoß, während die Mondhand gleichzeitig leicht nach oben steigt.

Wir verlagern langsam das Gewicht auf das rechte Bein und ziehen alsbald das linke Bein in einer geraden Linie nach hinten (N) zurück und verlagern das Gewicht zu 50% darauf. Gleichzeitig drehen sich die beiden Handflächen nach oben. Der rechte Arm wird über die linke Hand gleitend zum Körper gezogen. Es ist wiederum eine einsammelnde Bewegung; so als wollten wir diese Kraft, die aus der Einheit von Yin und Yang entstanden ist, in uns hineinnehmen und zu einem Teil von uns werden lassen.

Sobald die rechte Hand über die linke „gestreift" ist, zieht sich auch die linke Hand auf Hüfthöhe zurück. Wir wenden nun beide Handflächen nach unten, das linke Bein wird zur Ausgangsstellung zurückgedreht, d.h. es ist nach vorne (S) gerichtet. Die Arme sinken nach unten, so als wollten wir die Erfahrung dieser Reise tief in uns ver-wurzeln - mit andern

Worten zu „einem Teil unseres Bewußtseins werden lassen" (Integration). Die Handflächen wenden sich dabei nach hinten.

Durch unsere Fingerspitzen und durch den sprudelnden Quellpunkt in den Füßen nehmen wir Kontakt zur Erde auf. Von unten aufsteigend heben wir die Arme nach oben und lassen

sie, nachdem die Erdenkraft durch unseren ganzen Körper aufgestiegen ist, seitlich wieder sinken. Wir
empfangen die schöpferischen Kräfte des
Himmels. Genau wie im Abschlußteil
der Wu-Hsing-
Form   (Form
der 5 Elemente)
umarmen wir den
Tiger. Wir kreu-
zen die Arme vor
uns, öffnen dann
die Hände in einer
übergebenden Haltung dem Himmel entgegen, wenden die Hand-
flächen nach unten
und lassen langsam die Arme hinuntersin-
ken. Wir kehren zurück auf den Berg.

69

2.2.3 Zusammenfassung des Bewegungsablaufes des 1. Kreises

1. Langsam nehmen wir das Qi mit beiden Armen auf,
2. drehen unsere Energiekugel auf die re Seite, wobei das Gewicht auf dem li Bein ruht.
3. Wir wechseln, die Kugel drehend, auf die li Seite, wobei das re Bein belastet wird.
4. Indem wir wieder auf die re Seite zurückdrehen, wechseln wir das Gewicht auf das li Bein.
5. Nun schicken wir unsere Kugel ins Universum, die Arme schwingen aus und empfangen die Energie wiederum zurück.
6. Die Arme schwingen von der re auf die li Körperseite und formen das Schild.
7. In einer Drehung von li nach re öffnen wir langsam das Schild, stellen uns hinter diese Energie und schieben sie fort.
8. In einem Zurückschwingen der Arme von re nach li verteilen wir die Energie, nehmen re einen Schritt rückwärts und empfangen die Energie wiederum.
9. Die Arme schwingen auf die re Seite in die Peitsche.
10. Nun öffnen wir mit dem li Arm die Peitschenstellung, bis wir, ganz auf der li Seite angelangt, die li Hand aufstellen.
11. Schritt li zurück, Himmel und Erde werden verbunden.
12. Nun öffnen wir mit dem re Arm das 1. Tor und machen einen Schritt re vorwärts.
13. Wir öffnen mit dem li Arm das 2. Tor und schreiten li vorwärts.
14. Wir öffnen mit dem re Arm das 3. Tor, schreiten re vorwärts und schwingen die Arme in die Bogenhaltung.
15. Nun spannen wir mit dem re Arm den 1. Bogen.
16. Schritt li rückwärts und einsammeln auf der li Seite.

17. Mit dem li Arm spannen wir den 2. Bogen, machen re einen Schritt rückwärts und sammeln auf der re Seite ein.

18. Den 3. Bogen spannen wir wiederum mit dem re Arm, machen li einen Schritt rückwärts und sammeln zum Schluß mit einer ganzen Körperdrehung ein.

19. Dann steigen wir mit dem re Bein über den schlafenden Tiger,

20. bilden mit der re Hand eine Faust, die li Hand wird zur Mondhand, und Ying und Yang werden vereinigt.

21. Wir nehmen li einen Schritt rückwärts und senken beide Arme vor dem Körper.

22. Wir lassen die Erdenkraft durch uns hindurch strömen, heben die Arme an und verbinden uns mit der Himmelskraft.

23. Zum Abschluß senken wir die Arme seitlich, umarmen den Tiger und kommen zurück auf den Berg.

Die Weisheit des Herzens

III.
T'AI JI UND DIE WEISHEIT DES HERZENS

3.1 Die Dimensionen Körper, Geist und Seele

Wenn wir T'ai Ji üben, werden dabei Körper, Geist und Seele berührt. Durch das Üben wird der Körper geschmeidig, entspannt und zugleich gefestigt, der Geist (mind) wird ruhig; und wie vom Flügelschlag eines Schmetterlings in Schwingung versetzt, beginnt das innerste Wesen des Menschen zu singen, wird sich allmählich seiner selbst bewußt. In den klassischen chinesischen Schriften zu den verschiedenen T'ai Ji und Qi Gong-Formen, die im Westen zugänglich sind, erhalten wir vor allem Anweisungen zur Körperhaltung, zum Einsetzen der Vorstellungskraft und zu den verschiedenen Atemtechniken. Über den geistigen Aspekt finden sich nur wenige und über den seelischen Aspekt fast keine Informationen. Der Grund dafür liegt vielleicht darin, daß T'ai Ji zur geheimen, inneren Lehre gehörte, die nicht ohne weiteres preisgegeben wurde. So ist nachzulesen, daß in früheren Zeiten, wann immer T'ai-Ji-Meister von Königen oder Fürsten gezwungen wurden, ihre Lehre preiszugeben, lediglich die Formen, nicht aber die eigentliche Essenz vermittelten. Auch heute ist es wohl so, daß die innere Lehre zum größten Teil unbekannt ist und noch immer ein verborgenes Mysterium darstellt. Deshalb kann uns nur eigenes Erfahren dazu verhelfen, diese innere Lehre aufzuspüren. Sie läßt sich entdecken, indem wir, wie bei einem Mosaik, Stein für Stein zu einem Ganzen zusammenfügen. Daß T'ai Ji Körper, Geist und Seele anspricht, wissen und erfahren alle jene, die T'ai Ji üben. Diese drei Dimensionen durchdringen das T'ai Ji und wirken auf wunderbare Art und Weise zusammen. T'ai Ji zu tanzen ist ein Seinszustand, Ausdruck eines inneren Liedes, das alle Dimensionen erfaßt. Werden beim T'ai Ji-Üben nur der Aspekt des Körpers, vielleicht noch derjenige des Geistes (Konzentrationsfähigkeit, Vorstellungskraft usw.) angesprochen, der seelische und damit der göttliche Aspekt im Menschen, das Große Tao genannt, aber vernachlässigt, dann - so sagen viele Weise - sei es pure Zeitverschwendung. Anandamayi Ma meint dazu: „Solange Hatha-Yoga nicht das Ewige anstrebt, ist es nichts weiter als Gymnastik. Wenn man nach einiger Praxis nicht Seine Berührung spürt, war das Yoga vergeblich."[1] Diese Aussage ist durchaus auf das T'ai Ji übertragbar. Im Taoismus spricht man von der „Kultivierung des Tao", und es ist dieser „Geist" im T'ai Ji, der den Menschen ganz und heil werden läßt.

3.1.1 Der Körper

In den alten Schriften Chinas, die auf Konfuzius, Lao-Tse und Buddha zurückführen,[2] wird der Körper des Menschen als ein „Herd aus Jade" bezeichnet. Er stellt eine absolute Kostbarkeit dar, und es ist wichtig, ihn voller Liebe und Achtsamkeit zu pflegen. Meister An, ein 84jähriger, taoistischer Mönch, erzählt dazu - während er einen wunderschönen rotglänzenden Kürbis in seinen Händen hält - folgende Geschichte:

„Eines Tages, als ich 24 Jahre alt war, rief unser T'ai Ji-Lehrer uns Schüler zusammen. Er schnitt ein Bündel Kürbisse im Garten, legte sie vor uns auf einen Tisch und sagte: 'Nehmt einen, wenn ihr wollt. Poliert den Kürbis nach jedem T'ai Ji-Üben. Wenn ihr nicht übt, rührt den Kürbis nicht an. Wenn ihr 20 Tage lang nicht übt, dann betrachtet ihn, und ihr werdet den Staub von 20

---

[1] Shri Anandamayi Ma, Gespräche mit der Glückseligen Mutter, S. 237.
[2] vgl. Jiao Guorui, Das Spiel der 5 Tiere, S. 132.

Tagen darauf sehen - er entspricht dem Zustand eures Körpers. Doch wenn ihr übt und poliert und poliert und übt, verwandelt sich der grüne Kürbis in einen leuchtend roten. Und dasselbe geschieht mit eurem Leben. Noch heute praktiziere ich auf diese Weise'."[3]

Ein neben dem Interview abgebildetes Foto zeigt Meister An mit 84 Jahren strahlend, leuchtend, frisch und munter, mit einer Heiterkeit ohnegleichen. Der rotglänzende Kürbis spiegelt nur einen Hauch dessen wider, was er selbst verwirklicht hat.

Der Körper ist ein Gefäß, das sehr geheimnisvoll ist. Er wird oft auch als Tempel bezeichnet. Anasûya Devi - eine indische Heilige - beschreibt den menschlichen Körper folgendermaßen: „Er hat ... so viele Teile. Und diese sind durch unzählige Prozesse innerhalb des Körpers miteinander verbunden. Jeder Mensch hat so viele Teile, so viele Zellen. Das Essen kommt von außen und ermöglicht es dem Körper zu wachsen. Das eingenommene Essen verwandelt sich in so viele verschiedene Formen - Blut, Knochenmark, Urin, Fäkalien, Fleisch... Es gibt kein größeres Wunder als das. Der Körper mit Haaren, Nase, Augen, Mund usw. wird im Bauch der Mutter während neun Monaten geformt. Wie wird dieser Körper im Bauch so perfekt geformt? Gibt es darauf wirklich eine Antwort? Wenn der Körper einen Mangel aufweist, kann der Arzt sagen, wie und warum dies geschah, doch niemand kann erklären, wie und warum der Körper des Menschen so perfekt gestaltet ist. Was könnte geheimnisvoller sein als dieser Körper..."[4]

Das Üben von T'ai Ji ist eine hervorragende Möglichkeit, dieses Gefäß, unseren Körper, zu pflegen, zu entspannen und zu

---

[3] vgl. „Interview mit Meister An" in: Heaven Earth, the Chinese Art of Living, May 1991, Vol 1, Nr. 1, S. 24 (frei übersetzt).
[4] Anasûyâ Devî, zit. in: Timothy Conway, Woman of Power and Grace, S. 212 (Übersetzung A. Kaiser)

kräftigen, denn die Bewegungsabfolgen des T'ai Ji nähren ihn auf feinstoffliche Art und Weise, bringen ihn ins Fließen und erzeugen körperliche Harmonie. Bei genauerer Betrachtung sind die T'ai Ji-Übungen sozusagen „wissenschaftlich" konzipiert. Es bedarf profunder Kenntnisse des menschlichen Körpers und seiner Energieströme, um diese wirkungsvollen Bewegungsabläufe entstehen lassen zu können. Es werden dabei alle Meridiane im Körper angesprochen, und die Übungen können bis ins hohe Alter praktiziert werden. T'ai Ji hilft so auf optimale Art, den Körper als Gefäß wertzuschätzen und aufmerksam zu pflegen. In der Geschichte des Taoisten An wandelt sich das Grün des Kürbis in ein dunkles Rot. Diese Art von Wandlung erfährt der Körper durch stetes Üben. Es ist möglich, bis ins hohe Alter in einem vitalen, gesunden und sich in Harmonie befindlichen Körper zu leben.

3.1.2. a) Der Geist

Was genau unter dem deutschen Wort „Geist" zu verstehen ist, läßt sich nicht leicht erfassen. Wir sprechen z.B. vom „heiligen Geist" oder von einem „geistig" regen Menschen, oder wir verwenden den Ausdruck „geistig" behindertes Kind. Das im Englischen verwendete Wort „mind" kommt dem im T'ai Ji angewandten Verständnis von „Geist" näher, doch gibt es für dieses Wort, das den Verstand, die Gedanken, den Intellekt umschreibt, keine eindeutige deutsche Entsprechung.

Die buddhistische Lehre besagt, daß der Mensch aus fünf Daseins- oder Anhaftungsgruppen bestehe. Der Körper bildet die erste Gruppe und der „Geist" die vier weiteren, nämlich das Ge-

[5]vgl. Ayya Khema, Medidation ohne Geheimnis, S. 94f.

fühl, die Wahrnehmung, die Gedanken und das Sinnesbewußtsein.[5] Im T'ai Ji nun ist es wichtig, daß der Geist (mind) still ist. Nur dann - so lehren uns alle Schriften über Selbsterkenntnis - ist es möglich, die Wirklichkeit so zu erkennen, wie sie wirklich ist: Erst wenn die Oberfläche eines Sees (mind) glatt und ruhig ist, kann der Mond sich darin spiegeln.

Auch die klassischen Qi Gong-Schriften weisen uns darauf hin, daß die Effizienz der Übungen mehrfach erhöht wird, wenn der Übende seine Aufmerksamkeit auf die Übung ausgerichtet hält und der Geist still ist.

Unsere Lebensenergie, das Qi, folgt den Gedanken und Gefühlen, der Wahrnehmung und dem Sinnesbewußtsein. Gedanken, und in einem noch stärkeren Ausmaß Gefühle, besitzen eine Art magnetische Kraft, von der die Lebensenergie angezogen wird. So kann es vorkommen, daß sich etwas Bestimmtes, an das wir öfters intensiv gedacht haben, plötzlich in der Realität manifestiert. Üben wir nun T'ai Ji und sind gefühlsmäßig und gedanklich abwesend, so fließt die Lebensenergie dahin, wo wir „sind" und nicht, wie eigentlich beabsichtigt, in die Meridiane, die Organe, alle Zellen, um so den ganzen Körper zu vitalisieren. Auf diese Weise kann die Übung ihre Wirkung nicht voll entfalten. Ruhen jedoch die Gedanken und Gefühle und ist das Sinnesbewußtsein zurückgenommen, dann fließt das Qi lebendig durch unseren Körper, und wir können die Wirklichkeit so erfahren, wie sie ist.

Üben wir also T'ai Ji, so lassen wir Gedanken, die auftauchen, wie Wolken am Himmel vorbeiziehen. „Erinnerungen und Gedanken haben wie die Wolken am Himmel weder einen Ort, wo sie entstehen, noch einen Ort, wo sie verweilen, noch einen Ort, wo sie sich auflösen - sie sind wurzellos."[6]

---

[6] Wolfgang Kopp, Tao Chan, S. 69.

Wenn wir einem Gedanken folgen, schließt sich an diesen ein zweiter und ein dritter an; dann taucht ein Gefühl dazu auf, das sich mit der Gedankenwelt verbindet. Spätestens zu diesem Zeitpunkt beginnt man sich mit diesem Gebilde zu identifizieren und entfernt sich so weit weg vom Hier und Jetzt. Steigen also Gefühle auf, so nehmen wir diese ebenfalls wahr und lassen sie einfach vorbeiziehen. Nicht nur die Gedanken und Gefühle, sondern auch „die Leidenschaften, alle Wirrnisse und Begierden unseres Geistes sind gleichermaßen ohne Substanz, nicht konkret, sondern wurzellos und fliessend."[7]

Die Aufmerksamkeit, ein geistiger Aspekt, ist beim Üben von T'ai Ji demnach von zentraler Bedeutung. Sie ist eine Kraft, die wir in uns wahrnehmen können, wenn wir uns von Gedanken und Gefühlen befreit haben, eine Kraft, die jeder Mensch von Geburt an in sich trägt. Sie läßt sich auch als innerer, neutraler Beobachter beschreiben. Aufmerksamkeit oder Achtsamkeit ist nichts anderes als Licht oder eine Form von Liebe in uns.

Im T'ai Ji lassen wir nun den Anweisungen gemäß drei Anteile der Aufmerksamkeit nach außen fließen. Die Augen sind geöffnet, und mit weichem Blick, und ohne etwas festzuhalten, nehmen wir wie durch Nebelschwaden hindurch das äußere Geschehen einfach wahr. Dadurch wird der Anteil der Lebensenergie, die automatisch in die äußere Wahrnehmung und das Sinnesbewußtsein fließt, reduziert und sie kann zu einem größeren Teil nach innen fließen.[8] So kultivieren, sammeln wir unsere Lebensenergie - sie ist das Kostbarste, das der Mensch besitzt. Sieben Anteile der Aufmerksamkeit ruhen also im Innern, im mittleren Dantian. Dies mag ungewöhnlich klingen, doch ist es mit etwas Übung durchaus möglich, die Aufmerksamkeit auf diese

---

[7] ebda., S. 39.
[8] Es wird gesagt, daß über die Augen bis zu 80% unserer Energie hinausströmen.

Weise aufzuteilen. Es kann sein, daß die Kraft unserer Achtsamkeit anfangs noch etwas schwach ist. Thich Nhat Hanh[9] vergleicht die Aufmerksamkeit im ungeübten Zustand mit einer 25-Watt-Birne, die kaum Licht bringt. Wenn wir jedoch üben, mit voller Aufmerksamkeit im Hier und Jetzt zu sein, erhöht sich die Lichtkraft, und wir verfügen bald über die Stärke einer 100-Watt-Birne.

Es geht hier um eine eigentliche Schulung: einerseits lernen wir, den Verstand, die Gedanken, den Intellekt zu „kontrollieren" und die dabei aufkeimenden Gefühle vorbeiziehen zu lassen, nur zu beobachten; andererseits schulen wir unsere Achtsamkeit, sind während des Übens ganz aufmerksam im Hier und Jetzt. Diese Schulung des Geistes ist von größter Bedeutung, denn mit ihr erst beginnt das eigentliche Kultivieren des Tao im taoistischen Sinn. Der „Geist" ist feinstofflicher als der Körper. Körper und Geist beeinflussen sich gegenseitig, doch wirkt das Üben im Geiste ursächlicher. Dennoch ist, und dies mag vielleicht paradox erscheinen, der Körper heilig: er ist ganz und gar durchdrungen vom Großen Tao - alles ist Eins.

Entspringt das Tanzen von T'ai Ji dieser Geistesgegenwart, so wird es zu einem wunderbaren Ausdruck des Menschseins, das sich in schönen, sanften und doch kraftvollen Bewegungen des Körpers spiegelt. Es wird zu einem Da-Sein im Hier und Jetzt - kristallklar, voller Licht und Liebe.

Die folgenden Geschichten verdeutlichen eindrücklich die verschiedenen Dimensionen des „geistigen" Aspektes und die Wichtigkeit des Übens. Sie sind zur Kontemplation gedacht.

[9] Thich Nhat Hanh, Das Wunder der Achtsamkeit, S. 12f.

3.1.2.b) Geschichten zur Kontemplation

Wenn ich esse, dann esse ich

Ein Schüler kommt zu seinem Meister und fragt: „Meister, was ist dein Zen (das heißt, was ist deine Art, im Zen zu leben)?" Und der Meister sagt: „Wenn ich hungrig bin, esse ich, und wenn ich müde bin, schlafe ich." - „Ja", sagt der Mönch, „das ist ja alles ganz schön und gut, aber das tun wir doch alle. Was ist denn da so Besonderes dran?" - „Nun", sagt der Meister, „wenn ihr eßt, dann habt ihr dabei tausend Gedanken und seid im Da und Dort, und wenn ihr schlaft, habt ihr in euren Träumen viele Ängste und Wünsche. Doch wenn ich esse, esse ich, und sonst nichts. Und wenn ich schlafe, schlafe ich, und sonst nichts. Das ist mein Zen."[10]

Der Schirm

Zen-Schüler bleiben mindestens zehn Jahre bei ihrem Meister, bevor sie es wagen können, andere zu belehren. Nan-in erhielt Besuch von Tenno, der, nachdem er seine Lehrzeit hinter sich gebracht hatte, ein Lehrer geworden war. Der Tag versprach regnerisch zu werden, darum trug Tenno Holzschuhe und hatte einen Regenschirm bei sich. Nachdem Nan-in ihn begrüßt hatte, bemerkte er: „Ich nehme an, du hast deine Holzschuhe im Vorraum gelassen. Ich möchte gerne wissen, ob dein Regenschirm rechts oder links von den Holzschuhen steht."

Tenno wußte in seiner Verwirrung keine sofortige Antwort zu

---

[10] Wolfgang Kopp, Zen - Jenseits aller Worte, S. 11f.

geben. Er erkannte, daß er nicht in der Lage war, sein Zen in jeder Minute bei sich zu haben. Er wurde Nan-ins Schüler, und er studierte sechs weitere Jahre, um sein Jede-Minute-Zen zu vervollkommnen.[11]

Die leere Teetasse

Einst besuchte ein junger Philosoph, der stolz auf sein gelehrtes Wissen war, einen Zen-Meister in seinem Kloster, um sich bei ihm als Schüler zu bewerben. Er wurde in das Zimmer des Meisters geführt, und als er sich niedergesetzt hatte, wurde ihm, wie dies der Brauch war, von einem diensttuenden Mönch Tee gebracht. Nachdem der Mönch den Tee eingeschenkt hatte, befahl ihm der Meister, noch mehr Tee in die Schale des Besuchers zu gießen. Dieser tat, wie ihm geheißen war. Als er anhalten wollte, bestand der Meister darauf: „Mehr! Mehr!" Die Schale war jetzt bis zum Rand gefüllt, und der Mönch konnte keinen Tee mehr hineingießen. Dennoch verlangte der Meister voller Strenge: „Mehr! Mehr!"

Der junge Gast konnte sich nicht länger zurückhalten und rief: „Die Schale läuft über, Meister!" Dieser erwiderte voller Ruhe: „Wenn man etwas von anderen lernen will, muß man sich zuerst leer machen, sonst gibt es keinen Raum, in den die Unterweisung eingehen kann. Du solltest jetzt besser heimgehen." Der junge Mann schämte sich bei diesen Worten und begann nun ernsthaft, nach der Wahrheit zu suchen.[12]

---

[11] Paul Reps, Ohne Worte - Ohne Schweigen, S. 53.
[12] Wolfgang Kopp, Befreit Euch von allem, S. 178.

Aufmerksamkeit

Ein Schüler wollte von seinem Zen-Meister wissen, welches die höchste Lehre des Zen sei. Da schrieb der Meister das Wort „Aufmerksamkeit" auf die Wandtafel. Aber gibt es nichts anderes als das, wurde er gefragt. „Ja", sagte er, „das gibt es", und er schrieb das Wort „Aufmerksamkeit" nochmals hin. Aber es muß doch noch etwas anderes geben, insistierte der Schüler. „Ja, das ist so", antwortete der Zen-Meister, wendete sich der Wandtafel zu und schrieb nochmals das Wort „Aufmerksamkeit". Nun stand auf der Wandtafel: „Aufmerksamkeit, Aufmerksamkeit, Aufmerksamkeit."[13]

Üben

Ein Junge wurde eingeschult. Zusammen mit den anderen Kindern bekam er seinen ersten Unterricht. Die erste Aufgabe bestand darin, eine gerade Linie zu ziehen: die Ziffer „Eins". Aber als alle anderen Kinder bereits zu anderen Zahlen weitergegangen waren, fuhr der Junge immer noch damit fort, die gleiche Ziffer zu schreiben. Nach zwei Tagen fragte ihn der Lehrer: „Bist du mit deiner Aufgabe nun fertig?" Der Junge antwortete: „Nein, ich schreibe immer noch die Eins." Er schrieb so weiter, bis ihn der Lehrer am Ende der Woche wieder fragte: „Bist du nun fertig?" - Und er antwortete. „Nein, ich bin noch nicht fertig." Der Lehrer hielt ihn für einen Idioten, der nicht lernen wollte oder es nicht konnte, und schickte ihn nach Hause. Zuhause fuhr der Junge mit der gleichen Übung fort, bis es auch seinen Eltern zuviel wurde. Er sagte immer nur: „Ich habe es noch nicht gelernt. Wenn ich es beherrsche, werde ich weiteren Unterricht nehmen." Die

---

[13] Bernhard Glassmann u. Rick Fields, Instructions to the Cook, S. 104f.

Eltern sagten: „Die anderen Kinder sind schon weit fortgeschritten. Dich hat man in der Schule bereits aufgegeben, und du zeigst immer noch keinen Fortschritt. Wir sind deiner wirklich müde." Der Junge dachte mit traurigem Herzen daran, daß er nun auch sein Zuhause verlassen müsse, da er auch seinen Eltern so viel Kummer bereitet hatte. So ging er in die Wildnis und lebte von Früchten und Nüssen. Nach einer langen Zeit kehrte er zu seiner alten Schule zurück. Als er den Lehrer sah, sagte er zu ihm. „Ich glaube, ich habe es jetzt gelernt. Sag' mir, ob ich's kann. Soll ich es hier auf diese Mauer schreiben?" Und als er seine Linie auf die Wand malte, da brach sie entzwei.[14]

3.1.3 Die Seele

Eine Definition des Begriffs Seele möchte ich nicht wagen. Die Seele ist das große Geheimnis im Menschen, sie gehört zum Bereich des Numinosen. Der seelische Aspekt, der im T'ai Ji mitschwingt, entzieht sich den Worten. Er ist aber tief im Innern, auf einer bestimmten Ebene, erfahrbar. Es ist als würde tief in uns leise, ganz leise ein Gesang erklingen, die einzigartige Klangfolge eines Menschen im schöpferischen Opus des Universums. Im heutigen Sprachgebrauch würde man vielleicht den seelischen Aspekt mit dem Höheren Selbst in Verbindung bringen, diesem ewigen, unendlichen und unsterblichen Teil in uns. Die Taoisten sagen, der Mensch werde mit einem kostbaren Juwel in seinem Herzen geboren, der ihn mit dem Tao verbindet. Die Größe des Menschen kommt jedoch nicht aus ihm selbst, sondern aus dem Tao in seinem Innern.[15]

[14] Ram Dass, Reise des Erwachens, S. 22.
[15] vgl. John Blofeld, Der Taoismus oder Die Suche nach Unsterblichkeit S. 279.

In der traditionellen chinesischen Literatur über T'ai Ji und Qi Gong finden sich wenig konkrete Informationen über diesen Aspekt. Die Schriften beschreiben drei T'ai Ji-Zentren: das Dantian (1. T'ai Ji-Zentrum), die Herzgegend (2. T'ai Ji-Zentrum) und die Stirne, das Stirnchakra (3. T'ai Ji-Zentrum), wobei uns viele Informationen über das erste T'ai Ji-Zentrum und dessen Wirkungsweisen zugänglich sind, während sich über das zweite und dritte Zentrum im Westen kaum Literatur findet. Da eine Legende besagt, daß die Lehre durch den ersten Boddhisattva aus Indien nach China gebracht wurde[16], können wir deshalb vielleicht die klassischen indischen Schriften, im besonderen die Upanishaden, beiziehen. In den Upanishaden wird das Höhere Selbst mit dem zweiten T'ai Ji-Zentrum, dem Herzen, dem Sitz Brahmans, in Verbindung gebracht. Es heißt dort: „Das Selbst hat seinen Sitz im Herzen-Lotus. Von dort zweigen 101 Nerven, von jedem dieser Nerven gehen abermals 100 kleinere aus. Von jedem dieser kleineren noch einmal 72'000 weitere. In all diesen Nerven waltet Utschana[17]. Weiter wird in den Upanishaden das Selbst wie folgt beschrieben: „Im Innern der Stadt Brahmans, nämlich des Leibes, ist das Herz. Und hier im Herzen ist ein kleines Haus. Dieses kleine Haus hat die Gestalt einer Lotusblüte, und in ihr weilt das, was wir suchen, was wir erforschen, was wir erkennen sollen. Aber was ist es denn, das in dem kleinen Hause, im Herzenslotus wohnt, das wir suchen, das wir erforschen, das wir erkennen sollen? Weit wie das Weltall draußen ist das Weltall innen, im Herzenslotus. In ihm sind Himmel und Erde, Sonne, Mond, Blitz und Sterne. Was im Makrokosmos ist, das ist auch im Mikrokosmos."[18]

Die Upanishaden führen diese Beziehung von Makrokosmos

---

[16] vgl. Annette Kaiser, T'ai Ji - verbunden mit Himmel und Erde, S. 16.
[17] Die schönsten Upanishaden, Der Hauch des Ewigen, S. 45.
[18] ebda., S. 115.

und Mikrokosmos weiter aus, und die Dimensionen, die hier angesprochen werden, sind unfaßbar und zutiefst erschütternd - das Potential des Menschen, seine Essenz - ob man diese nun als Seele, als Atman oder Höheres Selbst bezeichnet - ist unermeßlich: "Das Unendliche ist unten, oben, hinten, vorne, rechts und links. Ich bin das All. Die Unendlichkeit ist das Selbst. Das Selbst ist unten, oben, hinten, vorne, rechts und links. Ich bin das All. Wer das Selbst erkennt, darüber meditiert und seine Wahrheit innerlich erlebt, der wird im Selbst glückselig, der findet Jubel und Entzücken im Selbst. Der wird ein Meister über sich und Beherrscher aller Welten. Knechte sind, die diese Wahrheit nicht erkennen. Wer das Selbst erkennt, ... der weiß: alles ... geht aus Ihm hervor."[19]

Im T'ai Ji entstehen Momente, die uns erfahren lassen, daß das Äußere in uns ist, ja, daß das Äußere eine von innen heraus projizierte „Welt" ist, daß Äußeres und Inneres ein und dasselbe sind. Manchmal handelt es sich um Erkenntnisblitze, Momente, in denen etwas in uns für Sekundenbruchteile weiß und erkennt. Und oft sind diese Erkenntnisse mit einer tiefen Freude verbunden, einer Freude, die keinen äußeren Grund hat, sondern dem Hier und Jetzt entspringt. Diese Dimension, die mit dem Höheren Selbst in Verbindung steht, nenne ich die seelische Dimension. Diese Essenz jeglichen Seins und Nichtseins ist natürlich nicht nur im T'ai Ji erfahrbar, sondern in jedem einzelnen Augenblick. Das T'ai Ji mit seinen sehr langsamen Körperbewegungen kann uns das Erkennen dieses inneren Juwels erleichtern, uns helfen, mit jenen äußerst feinstofflichen inneren Dimensionen in Berührung zu kommen, die zwar immer da sind, die wir aber weder sehen noch hören, weil der Schleier der Maya sie bedeckt hält.

3.2 Essentielles

Es gibt nichts als das Nichts.
(Bhai Sahib[20])

3.2.1.a) Das innere Lächeln

Die klassischen T'ai Ji-Schriften weisen uns darauf hin, daß wir während des Übens von T'ai Ji und Qi Gong ein inneres Lächeln in uns tragen und ausstrahlen lassen sollen. Dieses innere Lächeln ist etwas sehr Geheimnisvolles, Ausdruck des Zusammenspiels der drei Dimensionen Körper, Geist und Seele. Das innere Lächeln entspringt den tiefsten Tiefen des Menschen, einer Quelle in ihm, die absolut still und gleichzeitig höchst dynamisch, voller Freude und Glückseligkeit ist. Von dort aus strahlt es durch den ganzen Körper aus und bringt tiefen Frieden und Harmonie mit sich.

Vielleicht ist in diesem inneren Lächeln jenes Mysterium enthalten, das uns die klassischen T'ai Ji-Schriften bis jetzt noch nicht offenbart haben. Es kann sein, daß das zweite T'ai Ji-Zentrum, das Herz, oder auch das dritte T'ai Ji-Zentrum, das Stirnchakra, damit in Verbindung stehen. Mit Sicherheit aber wurzelt dieses innere Lächeln im ortlosen Ort, im Urgrund des Menschen, dem Großen Tao, das alle Dimensionen des Daseins durchdringt, und es scheint mir, daß es dieses innere Lächeln ist, das den Menschen in seiner wirklichen Größe ausmacht.

Das innere Lächeln drückt sich z.B. in einem Gesicht aus, das entspannt, in sich gekehrt und gleichzeitig im Hier und Jetzt ist, das einen Seinszustand ausstrahlt, der tief berührt. Ein Mensch, der das innere Lächeln in sich trägt, ist ruhig, seine Gedanken ziehen vorüber wie Wolken am Himmel, sein Geist ist still. In die-

---

[20] Irina Tweedie, Der Weg durchs Feuer, S. 908.

se Stille eingetaucht, entdeckt er tief in seinem Innern Seligkeit: dies ist das Wesen des inneren Lächelns. Seligkeit ist der Kern des Menschen; sie ist sein wirkliches Erbe.

Im T'ai Ji spiegelt das innere Lächeln die fundamentale Grundhaltung wider. Mit Worten läßt es sich nicht wirklich erfassen. Betrachten wir aber das Bild Buddhas in Stille, vermittelt uns dies besser als jede Beschreibung das Wesen dieses inneren Lächelns, das die Geisteshaltung im T'ai Ji und Qi Gong ausmacht. Es zeigt uns einen Seinszustand, der einerseits „höchste Konzentration und Achtsamkeit", andererseits „völlige Entspannung" umfaßt, einen Zustand, in dem sich die Gegensätze - gleichsam in der Mitte schwebend - vereinigen, in dem sich das Endliche mit dem Unendlichen, das Vergängliche mit dem Ewigen verbindet und sich Sein und Nichtsein im Namenlosen berühren.

Wurzelt das T'ai Ji in diesem inneren Lächeln, so wird die Form formlos und das Formlose spiegelt sich wiederum in der Form. T'ai Ji wird zum „tanzlosen Tanz", es ist.

Wir halten also, bevor wir im T'ai Ji in die Bewegung gehen, einen Moment inne. Wir werden uns des ortlosen Ortes in uns, dieser Quelle, die das innere Lächeln speist, gewahr. Wenn es zu schwierig ist, sich auf diesen Raum der Stille, auf den Urgrund des Seins einzuschwingen, kann man auch die Vorstellungskraft zu Hilfe nehmen. Wir vergegenwärtigen uns ganz einfach ein inneres Lächeln, das durch unseren ganzen Körper ausstrahlt. Wir tragen die Sonne im Herzen, die Tausende von Lichtstrahlen durch den ganzen Körperraum aussendet und jede Zelle in uns sanft berührt. Oder wir stellen uns das innere Lächeln als Klang vor, der in unserem ganzen Körper leise singt. Was immer uns dabei hilft, das innere Lächeln zu erwecken, ist ganz in Ordnung.

3.2.1.b) Zur Kontemplation: Bild von Buddha

Das innere Lächeln, gespiegelt im Gesicht Buddhas: welch ein Friede!

3.2.2.a) Das Kultivieren des Tao

Ursprünglich waren T'ai Ji und Meditation nicht voneinander zu trennen. Das Ziel des Übens von T'ai Ji, Qi Gong oder anderen Kampfkünsten stand immer in Verbindung mit dem, was im Leben des Menschen essentiell ist. Es war nie Selbstzweck, sondern immer ein Mittel, dem Tao näherzukommen, das Unbenennbare zu erfahren und zu erkennen. Es ging - wie man es heute ausdrücken würde - um Selbsterkenntnis. Warum?

Die alten Meister wußten um die Vergänglichkeit des Menschen. Sie hatten erkannt, daß dieser nur für eine bestimmte Lebensspanne auf der Erde lebt, geboren wird und stirbt, sein Körper sich im Mutterleib formt, und er nach Jahren des Lebens wieder zu Erde wird. Sie wußten um die Geheimnisse jeglichen Seins und, unbeeindruckt vom Wandel des Universums, zeigten sie immer in Richtung des Ewigen, des Unwandelbaren.

Im Taoismus wird das Kultivieren des Tao auch als die Suche nach der Unsterblichkeit bezeichnet. Hier aber stellen sich uns bei genauem Hinsehen viele Fragen: Was ist an mir unsterblich? Wer bin ich überhaupt? Bin ich mein Körper oder bin ich meine Gedanken, Gefühle usw.? Wer bin ich wirklich?

Buddha lehrt uns, diese Fragen genau zu untersuchen. Er verweist uns insbesondere auf die 5 Daseinsgruppen, die es sorgfältig zu analysieren gilt.[21]

Wer bin ich? Und was bleibt von mir übrig, wenn der Körper stirbt? Am stärksten - so sagt Buddha - identifizieren wir uns mit dem Körper. Wir denken, wir seien der Körper. Eine solche Identifikation ist auch verständlich, denn wir besitzen - von einer bestimmten Ebene her gesehen - einen wunderbaren Körper, mit dem wir leben. Doch sind wir - aus einer anderen Perspektive betrachtet - dieser Körper auch wiederum nicht: Machen wir z.B. einen Fehltritt auf der Straße, so kann er von einem Moment auf den anderen ausgelöscht werden. Wo bleibt dann das Ich? Oder ist, wenn ein Mensch ein Bein verliert, auch sein Ich verkürzt?

Die zweite Daseinsgruppe bilden die Gefühle, aus denen wir bestehen. Auch hier gilt es zu erkennen, daß sie gar nicht das eigentliche Ich sind; doch ist diese Unterscheidung noch schwieriger. Es mag dabei hilfreich sein, wenn wir einmal eine Weile die aufkommenden Gefühle beobachten. Woher kommen sie, wie entstehen sie? Mit der Zeit erkennen wir, daß eine Unzahl von Gefühlen vorhanden sind. Mit welchen wollen wir uns identifizieren? Mit denen, die wir gerade in diesem Augenblick empfinden? Ist das Ich dann ein angenehmes oder ein unangenehmes

[21] vgl. Ayya Khema, Meditation ohne Geheimnis, S. 94f.

Gefühl, das Glück heißt oder Schmerz? Es gilt auch hier genau zu überprüfen, ob es Gefühle in der Persönlichkeit gibt, die wirklich Ich sind.

Die dritte Daseinsgruppe ist die Wahrnehmung. Die Wahrnehmung „etikettiert unsere Sinneseindrücke aufgrund vorausgegangener Erfahrungen."[22] So sieht z.b. das Auge ein Ding von bestimmter Form und Farbe, und augenblicklich interpretiert der Geist dies seinen Erfahrungen entsprechend. Dasselbe Prinzip läßt sich bei allen anderen Sinnesfunktionen und auch dem Denken beobachten. „Da wir unsere Wahrnehmung der durch die Sinne erschienenen Substanzen im Laufe unseres Lebens infolge unserer zunehmenden Erfahrungen und Erkenntnisse ständig ändern, wäre es wohl möglich, das Ich für eine wandelbare Wahrnehmung zu halten. Aber es ist wohl unmöglich zu erkennen, welche von all den Wahrnehmungen den Ich-Kern enthält."[23]

Die vierte Daseinsgruppe sind die Gedanken. Wir haben schon vorhin erwähnt, daß ein Gedanke, ohne einen Urgrund zu haben, entsteht, diesem weitere folgen und der Mensch sich sehr bald mit dem Gedachten und den darauffolgenden Gefühlen identifiziert. Ramana Maharshi sagt, daß der Ich-Gedanke der Wurzel-Gedanke sei; und erst nachdem dieser Ich-Gedanke aufgestiegen sei, alle anderen Gedanken aufsteigen. „Wird die Wurzel herausgerissen, dann sind damit alle anderen Gedanken gleichzeitig beseitigt. Suchen Sie daher die Wurzel des „Ich". Fragen Sie sich „Wer bin Ich?", und finden sie dessen Ursprung, dann werden alle Gedanken verschwinden, und das reine Selbst bleibt übrig."[24]

Die fünfte und letzte Daseins- oder Anhaftungsgruppe ist das Sinnesbewußtsein. Es handelt sich hier um das Hören, Sehen, Rie-

[22] ebda., S. 98.
[23] ebda., S. 98.
[24] Lucy Cornelssen (Hrsg.), Ramana Maharshi und die Suche nach dem Selbst, S. 98.

chen, Schmecken und Tasten. Da wir aber genau wissen, daß wir sind, auch wenn wir schlafen, und im Schlaf weder hören, riechen, sehen, schmecken noch bewußt tasten, gibt auch das Sinnesbewußtsein keinen Halt für unser Ich.

Unser Anhaften an den fünf Daseinsgruppen, die nichts weiter als unpersönliche Phänomene sind, die kommen und gehen, bringt die Idee des Ichs oder das Identifizieren mit einem Ich hervor, und diese Anhaftung wird von Buddha als Verblendung bezeichnet. Genau zu untersuchen und selbst nachzuprüfen, ob in uns etwas anderes existiert, als die fünf Daseinsgruppen, führt uns letztlich zur Selbsterkenntnis oder - wie die Taoisten sagen - zum Pfad der Unsterblichen.

Bei der Kultivierung des Tao geht es darum, die wahre Natur des Menschen zu verstehen, d.h. zu erkennen, daß die individuelle Existenz die Hauptillusion ist, die es aufzuheben gilt. „Das tao gehört keinem; es ist in allem präsent. Deshalb besteht in diesem gegenwärtigen Leben - wie Mahâyâna-Buddhisten ebenfalls gerne aufzeigen - der einzige Unterschied zwischen erleuchteten Unsterblichen und gewöhnlichen Menschen darin, daß die ersteren sich ihrer fundamentalen Identität mit dem tao bewußt sind, während die letzteren jene Identität noch nicht unmittelbar erfahren haben. Die Kultivierung ist, so gesehen, ein Prozeß des Enthüllens, des Abstreifens aufeinanderfolgender Schichten der Verblendung, von denen jede subtiler als die vorangegangene ist. Sie ist ein Prozeß der Befreiung."[25]

Es mag ein erster Schritt sein, dies gedanklich nachzuvollziehen, doch letztlich müssen diese Erkenntnisse erfahren werden. Welche Wege führen dazu? Alle, wenn sie ernsthaft begangen werden. Im Taoismus findet sich eine Alchimie in acht Stufen, die den Weg zum Erlangen der Unsterblichkeit beschreibt. Dieses Ziel

---

[25] John Blofeld, Der Taoismus oder Die Suche nach Unsterblichkeit, S. 284.

ist vielleicht so zu verstehen, daß der Mensch sich nicht mehr mit den vergänglichen, flüchtigen Dingen identifiziert, sondern mit jenem Teil in ihm, der ewig und unsterblich ist. Es kann sein, daß dabei auch noch ganz andere, für uns heute kaum vorstellbare Dimensionen angesprochen sind, wie das Erlangen eines unsterblichen Körpers z.b. Was wirklich wahr ist, kann uns nur die Erfahrung zeigen.

John Blofeld faßt die taoistische Alchimie in acht Stufen wie folgt zusammen:

Stufe

1   *Erst soll der Übende den Lebenssamen*
    Sorgsam bewahren und ihn reichlich mehren.

2   *Alsdann den Körper maßvoll nähren*
    Und seine wilden Leidenschaften zügeln,
    Die Glieder heilsam regen und tief atmen,
    Jedoch unhörbar, sanft und weich.

3   *Und drittens soll in Stille sich*
    Das reine ch'i des Kosmos sammeln.

4   *Zum Vierten sei er nicht mehr länger*
    Erpicht auf dieses oder jenes;
    Er sei still, ohn' Hetzen hin und her.

5   *Und fünftens sollt' er auch nicht wissen,*
    Wie man das inn're Feuer schürt,
    Damit er von subtilem ch'i
    Sich einen frischen Vorrat sammle.

6   *Und sechstens soll sein Geist beständig*
    In ruhiger Gelassenheit verharren.

7   *Danach sein Geist in reiner Wesensschau*
    Verweil', in Leerheit ohne Unterscheidung.

8   *Zuletzt soll es in seinem Geist*
    Kein „ich" und nicht „das and're" geben;

Dann fliegt er über Sonn' und Mond hinaus,
Dorthin, wo endlos sich das tao
Jenseits des Universums dehnt,
Den Wanderer zurück erwartend.[26]

Soweit die Anweisungen. Die Frage ist nun: Wer kann uns heute diese Alchimie vermitteln? Wie weiß ich, ob ein Lehrer eine wirkliche Meisterin, ein wirklicher Meister ist? Es ist sehr schwierig, ohne primäre Anleitung durch eine Lehrerin oder einen Lehrer Selbsterkenntnis zu erlangen. „Sich am eigenen Schopf aus dem Sumpf ziehen" - ein Bild, das in den Schriften oft Verwendung findet - ist für einen normalen Menschen fast ein Ding der Unmöglichkeit. Ein Lehrer, eine Lehrerin, jemand, der diesen Pfad bereits gegangen ist, kann dem Suchenden eine große Hilfe sein.

Ich habe lange nach einem Lehrer oder einer Lehrerin gesucht, die mir, direkt durch T'ai Ji und Qi Gong die alte chinesische Meisterschaft vollständig beibringen könnte, wurde aber nicht fündig. Vielleicht ist aus irgendeinem Grund die Zeit noch nicht gekommen, daß solche Lehrer aus China in den Westen kommen können, oder daß wir sie in China auffinden dürfen. Vielleicht gibt es sie auch nicht mehr.

John Blofeld gibt uns aber einen interessanten Hinweis über einen weiteren Weg: „Obwohl es heißt, daß man mit den verschiedenen Übungsmethoden der inneren Alchimie, von denen die achtstufige Methode nur eine ist, am schnellsten zum höchsten Ziel gelangt, gibt es für Adepten mit einem besonderen Talent für Stille und mystische Intuition noch einen anderen Weg. Die Bezeichnung für diese rein kontemplative Methode wurde zweifellos dem Tao Te Ching entnommen, wo es im 10. Spruch heißt: „Kannst du deine Seele bilden, daß sie das Eine umfängt,

26 ebda., S. 269f.

ohne sich zu zerstreuen?"[27] Mit dem Einen ist natürlich das Tao gemeint, „die Fülle der Leere, das, was vor der Entstehung des Universums bestand."[28]

Bei dieser kontemplativen Methode geht es darum, ganz auf das Eine ausgerichtet zu sein, denn „...dann wird der Geist nach dem geheimnisvollen tao greifen, und der langersehnte Zustand wird erreicht sein. Diese taoistische Vorstellung führte die frühen ch'an-Buddhisten zu der Erkenntnis, daß der Geist vom Staub befreit und wie ein polierter Spiegel zum Glänzen gebracht werden muß, um das tiefste Geheimnis durchdringen zu können.[29]

Ganz auf dieses Eine ausgerichtet zu sein, in jeder Sekunde, ja, in jedem Augenblick, bedeutet ein Leben zu führen, das uns dem Tao näherbringt, uns den inneren Juwel, den größten Schatz des Menschen, erkennen läßt: das Große Tao, das Höhere Selbst. Dieses innere Ausgerichtetsein auf das Eine, Unbenennbare, das jeden einzelnen Augenblick umfaßt, bietet uns demnach eine praktikable Möglichkeit, das Tao zu kultivieren.

Das Kultivieren des Tao bringt uns zurück zur Quelle, d.h. wir gelangen zurück zu unserem ursprünglichen, natürlichen Zustand. Man bezeichnet dies im chinesischen Kontext als die Rückkehr zur ungebleichten Seide oder zum unbehauenen Stück Holz. Es ist der natürlichste Zustand des Menschen, zu dem die Mystikerin Teresa von Avila sagt: Dann, wenn der Mensch sich selbst erkennt, wenn der Mensch zu seinem Ursprung zurückgekehrt ist, ist er endlich normal.[30]

[27] ebda., S. 276.
[28] ebda., S. 276.
[29] ebda., S. 277f.
[30] vgl. Erika Lorenz, Teresa von Avila, S. 52.

3.2.2.b) Zur Kontemplation: eine Zen-Geschichte

Die Ratte und die Katzen

Vor 200 Jahren, noch vor der Meiji-Zeit, wurde ein kendo-Meister namens Shoken von einer großen Ratte in seinem Haus geplagt. Da die Ratte ihn besonders nachts belästigte und ihn am Schlafen hinderte, mußte er gar tagsüber schlafen. Dann ging er endlich zu einem Freund, der Katzen züchtete und ausbildete. Shoken bat ihn: „Leihe mir doch bitte einmal die Stärkste Deiner Katzen." Der Freund lieh ihm einen Dachkater, der sehr schnell und geschickt im Rattenfang war. Seine Pfoten waren stark und er besaß große Sprungkraft. Doch als er in das Zimmer kam, erwies sich die Ratte als stärker und die Katze floh. Diese Ratte war wirklich geheimnisvoll. Shoken lieh sich also eine zweite, getigerte Katze von fahler Farbe; diese hatte ein sehr starkes ki und viel Kampfgeist. Sie lief in das Zimmer und kämpfte, doch die Ratte behielt die Oberhand, und so mußte auch diese Katze das Weite suchen.

Eine dritte, schwarz-weiße Katze wurde ausprobiert, doch auch sie konnte nicht siegen.

Shoken lieh sich also eine vierte Katze. Die war schwarz, alt, recht intelligent, doch weniger stark als der Dachkater oder die getigerte Katze. Sie sah eher etwas armselig aus. Sie betrat das Zimmer. Die Ratte betrachtete sie und kam näher. Die Katze setzte sich ganz ruhig hin und bewegte sich nicht. Da begann die Ratte zu zweifeln. Sie kam noch einmal heran, schon etwas zaghafter, und ganz plötzlich fing die Katze sie am Hals, tötete sie und brachte sie hinaus.

Da ging Shoken zu seinem Freund und sprach: „Wie oft habe ich die Ratte mit meinem Holzschwert verfolgt, und doch hat sie mich gebissen. Wie konnte nun diese schwarze Katze sie besiegen?" Sein Freund antwortete ihm: „Laßt uns eine Versammlung einberufen und die Katzen selbst fragen. Da du ein kendo-Meister bist, fragst du sie aus. Sicher verstehen die Katzen etwas vom budo."

Also wurde eine Versammlung der Katzen unter dem Vorsitz der schwarzen Katze einberufen, denn sie war die Älteste. Der Dachkater sprach: „Ich bin sehr stark." Die schwarze Katze fragte: „Warum hast du sie dann nicht besiegt?" Der Dachkater antwortete: „Ich bin sehr stark und beherrsche viele Techniken des Rattenfangs. Meine Pfoten sind sehr gut ausgebildet und meine Sprünge kräftig - doch diese Ratte ist anders als die anderen." Die schwarze Katze erklärte darauf: „Deine Kraft und deine Technik gehen eben nicht über diese Ratte hinaus. Auch wenn deine Kraft und dein waza noch so sehr entwickelt ist, kannst du doch nicht mit deiner Kunst siegen. Das ist unmöglich!"

Dann sprach die Katze mit dem Tigerfell: „Ich bin sehr kräftig und übe täglich mein ki und meine Atmung durch Zazen. Ich ernähre mich nur von Gemüse und Reissuppe, so bekomme ich viel Energie. Dennoch konnte ich diese Ratte nicht besiegen. Warum?" Die alte schwarze Katze antwortete ihr: „Deine Aktivität und dein ki sind stark, doch die Ratte ging über dieses ki hinaus. So warst du schwächer als die dicke Ratte. Du haftest an deinem ki, und so wird es zu einer leeren Kraft. Wenn dein ki zu plötzlich und zu kurz ist, bist du einfach nur leidenschaftlich. So könnte man etwa sagen, deine Energie ist wie das Wasser aus einem Wasserhahn, die der Ratte jedoch wie das Wasser aus einem kräftigen Springbrunnen. Deshalb war die Kraft der Ratte der deinen überlegen. Selbst wenn du viel Energie hast, ist sie doch schwach, denn du hast zu viel Selbstvertrauen."

Nun war die schwarzweiße Katze an der Reihe, die ebensowenig siegen konnte. Sie war nicht sehr stark, doch intelligent.

Sie hatte satori. Sie hatte alle waza hinter sich gelassen und übte weiter Zazen. Doch sie war nicht mushotoku - ohne Zielvorstellung und Streben nach Profit -, und so mußte auch sie fliehen. Die schwarze Katze sprach zu ihr: „Du bist sehr intelligent und stark. Doch du hast diese Ratte nicht besiegen können, denn du hattest ein Ziel. Und die Ratte hatte eine bessere Intuition als du. Als du das Zimmer betratest, hat sie sofort den Zustand deines Geistes verstanden. Deshalb konntest du auch nicht siegen. Du konntest deine Kraft, deine Technik und dein handelndes Bewußtsein nicht in Harmonie bringen - sie blieben getrennt, statt zu einem zu verschmelzen.

Ich jedoch habe in einem einzigen Moment alle diese Fähigkeiten unbewußt, automatisch und natürlich benutzt. So konnte ich die Ratte töten. Doch ganz in der Nähe, in einem Nachbardorf, kenne ich eine Katze, die ist noch stärker als ich. Sie ist sehr alt, und ihre Haare sind schon grau. Ich habe sie einmal getroffen; sie macht durchaus keinen starken Eindruck! Sie schläft den ganzen Tag, frißt überhaupt kein Fleisch und auch keinen Fisch, sondern immer nur genmai-Reissuppe... Manchmal trinkt sie auch etwas sake. Sie hat noch nie eine Ratte gefangen, denn alle haben Angst vor ihr und verschwinden schnellstens, wenn sie in ihre Nähe kommt. So hatte sie einfach noch keine Gelegenheit, eine zu fangen! Einmal kam sie in ein Haus, das voll war von Ratten. Alle verließen fluchtartig das Haus und suchten sich eine andere Unterkunft. So kann sie die Ratten sogar im Schlaf vertreiben. Diese Katze ist wirklich sehr geheimnisvoll. So mußt auch du werden - du mußt über die Haltung, die Atmung und das Bewußtsein hinausgehen."

Das war wirklich eine tiefe Lehre für Shoken, den Meister des Schwertes![31]

---

[31] Taisen Deshiwaru-Roshi, Zen in den Kampfkünsten Japans, S. 96ff.

Alles kehrt zum Einen zurück

3.2.3.a) Das Eine bewahren

Der wahre Weg

Ein Schüler des Zen kommt zu Zen-Meister Nansen und fragt ihn: „Was ist der wahre Weg?" Der Meister erwidert: „Der alltägliche Weg ist der wahre Weg." Wiederum fragt der Schüler: „Kann man den Weg erlernen?" Der Meister antwortet: „Je mehr du lernst, desto weiter kommst du vom Weg ab." Darauf fragt der Schüler: „Wenn man dem Weg nicht durch Lernen näher kommen kann, wie kann man ihn dann erkennen?" Meister Nansen spricht: „Der Weg ist kein sichtbares Ding. Er ist auch kein unsichtbares Ding. Er ist nichts Erkennbares und auch nichts Unerkennbares. Suche ihn nicht, lerne ihn nicht, nenne ihn nicht. Sei weit und offen wie der Himmel, und du bist auf dem Weg."[32]

Es ist sehr schwierig, ausschließlich mittels T'ai Ji eins zu werden mit dem ewigen Tao, dem Urgrund allen Seins und Nichtseins. Man sagt, daß es dazu mit Hatha Joga - und T'ai Ji läßt sich durchaus damit vergleichen - viele Jahrhunderte bräuchte. John Blofeld weist uns aber mit seiner zweiten Methode, die er als „das Eine bewahren" bezeichnet, auf eine weitere Möglichkeit hin. Er nennt dies den Weg der „direkten mystischen Schau". Zugleich bringt er die Taoisten in Verbindung mit anderen mystischen Schulen.[33]

Ich kann mir durchaus vorstellen, daß es in der heutigen Zeit möglich ist, auch eine andere, d.h. nicht-taoistische mystische Schulung mit einzubeziehen, um dem Tao zu begegnen, damit eins zu werden. Dieses höchste Ziel, das Erkennen der absolu-

---

[32] Wolfgang Kopp, Zen - Jenseits aller Worte, S. 117.
[33] vgl. John Blofeld, Der Taoismus oder Die Suche nach Unsterblichkeit, S.

ten Wahrheit ist allen mystischen Schulen gemeinsam, auch wenn es sich, der jeweiligen Zeit und Kultur entsprechend, in unterschiedlichen Worten, wie Gotteserkenntnis, Selbsterkenntnis, Erkennen von Brahman usw. ausdrückt. Die verschiedenen mystischen Schulen stimmen auch darin überein, daß die Offenbarung der Absoluten Wahrheit in der Stille zu finden ist:

> In der Stille liegt die größte Offenbarung. (Lao-Tse)

> Die innere Stille ist Selbst-Hingabe. Und dies bedeutet, ohne Ego zu leben. (Ramana Maharshi)

> Wir gehen in die Stille zur ABSOLUTEN WAHRHEIT, denn sie kann nur in der Stille gefunden werden und ist Stille. (I. Tweedie)

> Dringst du vor zu äußerster Leere
> in der Stille des reinen Herzens,
> schaust du der Dinge ewigen Wandel.
> Jedes Ding in seinem rastlosen Streben
> findet heim zur Wurzel seines Ursprungs.
> Diese Rückkehr zur Wurzel heißt Stille, Frieden.
> Diese Stille heißt Heimkehr zu Quelle.
> Heimkehr zur Quelle ist Ewigkeit.
> Dieses Ewige erkennen heißt Erleuchtung. (Lao-Tse)

> Ich lausche und höre die Stille
> Ich lausche und sehe die Stille
> Ich lausche und schmecke die Stille
> Ich lausche und rieche die Stille
> Ich lausche und umarme die Stille
> (Language of the Trees)

Einfachheit und Stille
in jedem Moment
des Lebens (Papst Johannes XXII)

Wenn Seele still
ganzer Mensch still
dann Weltfrieden (Tetsuo Roshi Nagaya Kiichi)

Es gibt sich hin, ach
den stillen Kirschblüten
das Ohr des Innern (Onitsera)

Es gibt nur einen Weg, die Existenz der Wahrheit zu bewei
sen. Sitze still und sei ruhig. (Amma Mata Amritandamayi)

Der Suchende wird aufgefordert, in die Stille zu gehen, still zu
werden. Es gibt unterschiedliche Methoden, dies zu tun. Im Westen finden sich heute verschiedene gute Lehrer und Lehrerin-
nen, die uns direkte Anweisungen geben können. Jeder sollte für
sich diejenige Methode wählen und anwenden, die seinem Wesen entspricht.

Ich werde nun die Dhyana-Meditation erklären. Sie ist eine
Möglichkeit, wie wir in die Stille gehen können und bildet zusammen mit einem weiteren Hilfsmittel, das im Abschnitt 3.2.3.c
beschrieben ist, ein Fahrzeug, das uns hilft, dem Tao, dem Unbenennbaren, näherzukommen. Jeder Weg jedoch - so sagen es
die Weisen - wird uns ans Ziel bringen, wenn wir es ernst meinen. Der entscheidende Faktor ist der Ernst.[34]

34 vgl. Nisargaa Datta Maharaj, Die Lehre der „Einfachheit", S. 43.

3.2.3.b) Die Dhyana-Meditation

Wir gehen in die Stille zur ABSOLUTEN WAHRHEIT, denn sie
kann nur in der Stille gefunden werden und ist Stille.
(I. Tweedie)

Die Dhyana-Meditation[35] ist eine yogische Übung, die uns dazu verhilft, den Verstand still werden zu lassen. Die Dhyana-Meditation hat eine Verbindung zur Zen-Meditation und den früheren Ch'an Zen in China: „Das Wort „Zen" kommt vom indischen Dhyana und heißt ursprünglich „Meditation". Die Chinesen schrieben es mit einem Schriftzeichen, das „Ch'an" ausgesprochen wird und bereits im Taoismus in Gebrauch war. Das Zeichen ist aus den Elementen „Gott" und „ich" oder „einfach" zusammengestellt, bedeutet also „eins mit Gott".[36] In Indien finden wir die Dhyana-Meditation als eine von acht Schritten zur Reinigung des Geistes.[37] Diese sind:

Yama	*- Lebensregeln für das soziale Verhalten*
Niyama	*- Vorschriften für die persönliche Lebensführung*
Asana	*- Körperstellungen*
Pranayama	*- Atemübungen*
Pratyahara	*- Loslösung der Sinne*
Dharma	*- Konzentration*
Dhyana	*- Meditation*
Samadhi	*- Erleuchtung*

Dhyana bedeutet hier ununterbrochene Meditation, und die Frucht aller Bemühungen in Dhyana ist Samadhi. Die Dhyana-

---

[35] vgl. Irina Tweedie, Der Weg durchs Feuer, S. 1020.
[36] vgl. Lasalle, Pater (Hrsg), "Der Ochs und sein Hirte – Zen Augenblicke.
[37] vgl. Harish Johari, Das Grosse Chakra-Buch, S. 31f.

Meditation befindet sich auf der 7. Ebene, deshalb sind hier Körperhaltung oder Atmung u.a. unwesentlich. Im Buch „Zen in der Kunst des Bogenschiessens" wird auf den in Indien entstandenen Dhyana-Buddhismus Bezug genommen, der von China übernommen und in Japan noch heute in lebendiger Tradition gepflegt wird. Der Dhyana-Zustand wird dort als der eigentliche Urzustand des Menschen beschrieben. Sinnbild dieses Zustandes ist der leere Kreis.[38]

Hier nun die Anweisungen zur Dhyana-Meditation:

Der Körper soll ganz entspannt sein. Man kann zur Dhyana-Meditation sitzen, sich an eine Wand lehnen oder auch liegen, z.b. wenn man krank ist oder in dieser Körperhaltung leichter ruhig wird. Der Körper soll in dieser Zeit der Stille nicht zu einem Hindernis werden. Wir schließen die Augen, atmen vielleicht noch einmal tief ein und aus, und lassen mit dem Ausatmen alle Spannungen los. Dann wenden wir uns langsam nach innen. Wir tauchen ein in das Gefühl der Liebe. Liebe, die wir vielleicht zu dem Unbenennbaren, dem Ewigen empfinden. Liebe zu Gott. Wenn dies zu abstrakt ist, können wir uns auch eine Situation vorstellen, in der wir Liebe erfahren haben. Liebe zu einem Menschen, einem Wesen, der Natur. Liebe, die unser Herz tief berührt hat. Tiefer und tiefer tauchen wir nun in diese Liebe ein, bis wir mit Haut und Haaren darin versunken sind. Wenn Gedanken kommen, so packen wir diese und lassen sie in die Liebe versinken. Dazu braucht es eine kleine Willensanstrengung. Die Liebe ist die höchste Dynamik, die im Universum existiert. Sie vermag alles zu wandeln. Da ist nur diese Liebe, diese unendliche Liebe...

Wenn wir die Dhyana-Meditation täglich eine halbe Stunde üben, genügt dies, um mehr und mehr in jenen inneren Raum

---

[38] vgl. Eugen Herrigel, Zen in der Kunst des Bogenschiessens, S. 48.

der Stille hineinzukommen, diesen Ort, wo auch das innere Lächeln erwacht. Es braucht meistens ein bißchen Übung, bis wir Stille, inneren Frieden und Liebe tief verborgen in uns erfahren können.

Die Stille

3.2.3.c) Ein heiliges Wort

Den meisten Menschen im Westen ist es heutzutage nicht möglich, tagsüber viele Stunden zu meditieren. Das ist auch nicht unbedingt notwendig, doch ist es sehr hilfreich, wenn wir im Alltag, während der Arbeit und in der Freizeit immer auf dieses Eine ausgerichtet bleiben. Dazu stehen uns Hilfsmittel zur Verfügung. Eines davon ist, uns dieses Eine in jedem Augenblick zu vergegenwärtigen, wie Bruder Lorenz z.b., ein Mönch des 15. Jahrhunderts, dies vorgelebt hat. Er mußte in der Küche arbeiten und führte bei all seinen Tätigkeiten im Innern immer einen Dialog mit Jesus, seinem Herrn. Alles, was er tat, tat er für Jesus. Lag z.b. ein Strohhalm auf dem Küchenboden herum, hob er ihn auf und sagte dabei, wie dankbar er sei, diesen Strohhalm für ihn, Jesus, aufheben zu dürfen.[39]

Eine weitere Möglichkeit besteht darin, ein heiliges Wort, ein Mantra oder Dhikr, wie dies im indischen bzw. arabischen Sprachraum bezeichnet wird, zu wählen und innerlich beständig zu wiederholen. Wir finden auch in der christlichen Tradition solche Worte oder Satzbildungen, die uns während des ganzen Tages immer auf das Eine ausrichten. Ein russischer Pilger des 18. Jahrhunderts z.B. berichtet uns von seinen tiefen Erfahrungen mit dem christlichen Mantra „Herr Jesus Christus, erbarme dich meiner", welches er ohne Unterlaß zu praktizieren begonnen hatte.[40] In anderen Kulturen, z.B. im tibetischen Buddhismus, ist das Mantra „Om mani padme hum" sehr bekannt. Es gibt noch viele andere heilige Worte oder Laute. Es ist von Vorteil, wenn man ein solches Mantra von einem Lehrer oder einer Lehrerin erhält, die in einer mystischen Tradition verwurzelt ist.

Ist das nicht möglich, so kann man auch einfach ein Wort oder

---

[39] vgl. Brother Lawrence, The Practice of The Presence of God, 1981.
[40] Gerhard Riemann (Hrsg.), Der Weg eines Pilgers, S. 9.

ein oder mehrere Laute wählen, die für einen selbst das Heiligste, das Höchste repräsentieren und die man dann leise und still während des ganzen Tages, in jedem einzelnen Augenblick, wiederholt. Dies gibt uns die Möglichkeit, innerlich das Eine ständig zu bewahren. Eine solche innere Ausrichtung wird in unserem Leben zum goldenen Faden, wird zum inneren Pol, welcher die Verbindung zum Tao, zum Namenlosen schafft. Dadurch verwickelt man sich im Alltag weniger mit den Dingen, die man tut. Etwas in uns bleibt immer vom Alltagsgeschehen unberührt, verweilt in dieser Stille, im inneren Frieden und in der Liebe.

Hat man einmal ein heiliges Wort gewählt, so braucht es eine gewisse Anstrengung oder Übung, dieses ständig in der Erinnerung zu behalten. Es sollte so gesagt werden, daß es Tag und Nacht im Innern präsent ist. Nach drei, vier Monaten ist es möglich, daß das Mantra automatisch wiederholt wird, d.h. man braucht nicht mehr ständig daran zu denken, es ist irgendwie immer da. Selbst wenn man mit anderen spricht, an der Arbeit ist oder zu Hause am Abwaschen, so ist etwas in einem, das dieses heilige Wort ständig im Herzen singt, und langsam, langsam den Körper gleichermaßen durchflutet, so daß jede Zelle Seinen Namen, den Namen des Namenlosen, singt.

Besonders schön ist es, ein Mantra während der stehenden Qi Gong-Übungen zu praktizieren: Wir stehen wie eine Kiefer, unsere Aufmerksamkeit ruht im Dantian und im Herzen singt dieser eine heilige Laut, der uns mit dem Ewigen, dem Namenlosen verbindet. Und manchmal kann es geschehen, daß dieser heilige Laut leiser und leiser, stiller und stiller wird, bis er, ganz unhörbar geworden, dort, wo Sein und Nichtsein sich berühren, mit dem Menschen eins wird.

Die folgende Geschichte aus dem Sufismus beschreibt sehr eindrücklich, was es bedeutet, ein Dhikr oder Mantra zu verinnerlichen:

Sahl sagte zu einem seiner Schüler: „Versuche, einen ganzen Tag lang immerfort ‚Allâh! Allâh! Allâh!' zu sagen, und tue dies auch am nächsten und übernächsten Tag, bis es dir zur Gewohnheit geworden ist." Dann hieß er ihn dies auch in der Nacht tun, bis es dem Schüler schließlich so vertraut wurde, daß er es sogar im Schlafe wiederholte. Dann sagte Sahl: „Wiederhole den Namen Gottes nicht mehr bewußt, sondern laß alle Deine Sinne damit beschäftigt sein, Seiner zu gedenken." Der Schüler tat dies, bis er ganz im Gottesgedenken aufging. Eines Tages fiel ihm ein Stück Holz auf den Kopf und schlug ihm den Schädel auf. Die Blutstropfen, die auf den Boden flossen, formten die Inschrift Allâh! Allâh! Allâh![41]

[41] Sahl, zit. in Llewellyn Vaughan-Lee (Hrsg.), Die Karawane der Derwische, S. 54.

3.2.4.a) Die Weisheit des Herzens

Gib mir die Freiheit, ohne Echo zu singen,
Gib mir die Freiheit, ohne Schatten zu fliegen
Und zu lieben, ohne Spuren zu hinterlassen.

(früher Mystiker)

Durch das Eintauchen in die Stille, den Frieden oder die Liebe im ortlosen Ort in uns, und durch das ständige Gewahrsein des Einen während des ganzen Tages, bei dem das T'ai Ji eine wertvolle Hilfe darstellt, wird es uns mit der Zeit möglich, die Weisheit des Herzens[42] zu erfahren, diesen natürlichen Zustand menschlichen Seins, der uns von allem Anfang an gegeben worden ist, der schon immer da war und immer da sein wird, der aber bisher vielleicht durch die verschiedenen Hüllen verschleiert gewesen war. Die Weisheit des Herzens erlaubt uns, zur richtigen Zeit, am richtigen Ort und mit den richtigen Menschen zu wissen, was zu tun und zu lassen ist. Dieses innere Wissen führt uns durch unser Leben und bringt uns letztlich zum Großen Tao. Wenn wir aus diesem inneren Raum heraus leben, der jenseits von persönlicher, familiärer und gesellschaftlicher Konditio-

---

[42] siehe dazu Kogetsu Tani, Eido Tai Shimano, Zen Worte Zen Schrift, S. 38: „Das Wort Hannya ist die Übersetzung des Sanskrit-Begriffs prajna. Obwohl wir das Wort prajna in den westlichen Sprachen mit „Weisheit" übersetzen, bringt dies seinen Sinn nicht am besten zur Geltung. Ich ziehe es vor, das Originalwort prajna zu verwenden. Um prajna zu verstehen, ist es nützlich, sich zu überlegen, was es nicht ist. Ein akademisches Studium ist nicht prajna, erworbenes Wissen ist nicht prajna und auch das Behalten von Gelerntem ist nicht prajna." Prajna kann doch das Gegenteil von all dem, durch das Loswerden alles erworbenen Wissens erlangt werden. Geistige und körperliche Tätigkeiten, die auf unmittelbarer Intuition gründen, das ist prajna. Wenn man geschlagen wird, schreit man vermutlich und sagt „Aua!", dieses allgemeingültige und universale „Aua!", ohne dabei an gut oder böse zu denken. Das ist prajna.

nierung liegt, beginnen wir ein Leben zu leben, das keine Spuren hinterläßt, ein Leben, das der gesamten Schöpfung dient und der Individualität des Einzelnen ganz und gar gerecht wird. Jeder Mensch ist einzigartig und manifestiert, wenn er aus dem innersten Sein, aus der Weisheit des Herzens heraus lebt, seiner einzigartigen Ausdrucksweise. Sein Leben wird so ein Segen für ihn selbst und für die ganze Menschheit, ja für alle Wesen.

3.2.4.b) Geschichten zur Kontemplation

Geschichte in Japan

Der Zug ratterte an einem verschlafenen Frühlingsnachmittag durch die Vororte von Tokio. Unser Abteil war vergleichsweise leer - ein paar Hausfrauen mit ihren Kindern, einige alte Leute, die einkaufen gingen. Ich betrachtete geistesabwesend die düsteren Häuser und staubigen Hecken. An der Haltestelle öffneten sich die Türen, und plötzlich wurde die Nachmittagsruhe von einem Mann gestört, der unverständliche Flüche brüllte. Er stolperte in unser Abteil. Er war von kräftiger Gestalt, betrunken und schmutzig, und trug Arbeiterkleidung. Brüllend holte er zum Schlag gegen eine Frau aus, die ein Baby im Arm hielt. Der Stoß schleuderte sie gegen ein sitzendes älteres Ehepaar. Es war ein Wunder, daß dem Baby nichts passierte.

Entsetzt sprang das Ehepaar auf und hastete ans andere Ende des Wagens. Der betrunkene Arbeiter wollte der flüchtenden alten Frau noch einen Tritt verpassen, aber sie war ihm glücklicherweise schon entwischt. Dies machte ihn so wütend, daß er nach einer Haltestange in der Wagenmitte griff und versuchte, sie aus ihrer Verankerung herauszureißen. Ich konnte sehen, daß eine seiner Hände blutete. Der Zug ratterte voran, und die Passagiere waren starr vor Angst. Ich stand auf. Ich war damals noch jung, ungefähr zwanzig Jahre alt und in ziemlich guter Form. Ich hatte die letzten drei Jahre jeden Tag ungefähr acht Stunden mit Aikido-Training zugebracht. Die Würfe und Griffe machten mir großen Spaß. Das Problem war, daß meine Fähigkeiten noch nie in einem echten Kampf erprobt worden waren. Aikido-Schüler durften nicht kämpfen.

„Aikido", hatte mein Lehrer immer gesagt, „ist die Kunst der Versöhnung. Wer Lust zum Kämpfen hat, hat seine Verbindung mit dem Universum abgebrochen. Wenn ihr versucht, andere Menschen zu beherrschen, seid ihr schon geschlagen. Wir lernen, wie man Konflikte löst, nicht, wie man sie verursacht."

Ich hatte ihm immer aufmerksam zugehört. Ich gab mir sehr viel Mühe. Ich ging sogar so weit, auf die andere Straßenseite zu gehen, um den Chimpera, den Ausgeflippten, auszuweichen, die in der Nähe der Bahnhöfe herumlungerten. Meine Umsicht erstaunte und begeisterte mich selbst. Ich fühlte mich stark und heilig. Insgeheim jedoch sehnte ich eine Gelegenheit herbei, bei der ich die Unschuldigen retten konnte, indem ich die Schuldigen vernichtete.

„Jetzt ist es soweit", sagte ich zu mir, als ich aufstand. „Hier sind Menschen in Gefahr. Wenn ich nicht schnell eingreife, wird wahrscheinlich jemand verletzt werden."

Als der Betrunkene mich aufstehen sah, nahm er die Gelegenheit wahr, seine ganze Wut auf eine bestimmte Person zu konzentrieren. „Ah", brüllte er, „ein Ausländer! Du brauchst wahrscheinlich eine Lektion in japanischen Umgangsformen!"

Ich hielt die Halteschlaufe über mir locker in der Hand und sah ihn voller Abscheu und Verachtung an. Ich hatte vor, diesem Rohling ein für alle Male zu zeigen, was Sache war, aber er mußte den ersten Schritt tun. Ich wollte ihn provozieren, und so spitzte ich die Lippen und warf ihm einen Kuß zu. „Okay!" brüllte er, „ich werde dir mal eine kleine Lektion erteilen." Er sammelte sich, um mich anzugreifen.

Einige Zehntelsekunden, bevor er sich in Bewegung setzen konnte, rief jemand: „Hey!" Der Ruf berührte alle Anwesenden bis ins Innerste ihrer Seele. Ich erinnere mich an den seltsam fröhlichen, schwungvollen Klang - als ob Sie und ein Freund längere Zeit nach etwas gesucht hätten, und plötzlich hätte er es entdeckt. „Hey!"

Ich schwenkte nach links, der Betrunkene drehte sich nach rechts. Unser beider Blicke fielen auf einen kleinen alten Japaner. Er mußte über siebzig sein, dieser kleine Herr, der untadelig adrett in seinem Kimono dasaß. Er nahm keine Notiz von mir, aber er strahlte den Arbeiter erfreut an, als ob er ihm ein höchst wichtiges, angenehmes Geheimnis mitzuteilen hätte.

"Kommen Sie her", sagte der alte Mann und winkte den Betrunkenen heran. „Kommen Sie her und sprechen Sie mit mir!"

Der große Mann näherte sich ihm, als würde er von einem unsichtbaren Faden gezogen. Er stampfte vor dem alten Herrn provozierend mit dem Fuß auf und brüllte lauter als die ratternden Räder: „Verdammt noch mal, warum sollte ich mit Ihnen reden?" Der Betrunkene stand nun mit dem Rücken zu mir. Wenn sich sein Ellenbogen auch nur einen Millimeter bewegte, würde ich ihn zu Boden strecken.

Der alte Mann strahlte den Arbeiter noch immer an. „Was haben Sie denn getrunken?" fragte er, und seine Augen leuchteten wohlwollend. „Ich habe Sake getrunken", brüllte der Arbeiter zurück, „und das geht Sie überhaupt nichts an." Er brachte das so heftig hervor, daß er den alten Mann mit seinem Speichel besprühte.

„Oh, das ist ja wunderbar!" erwiderte der Alte, „absolut wunderbar! Wissen Sie, ich mag Sake auch sehr gerne. Jeden Abend wärmen meine Frau (sie ist jetzt sechsundsiebzig, wissen Sie) und ich eine kleine Flasche Sake und nehmen sie mit in den Garten. Dort setzen wir uns auf unsere alte Holzbank. Wir schauen den Sonnenuntergang an und sehen nach, was unser Dattelbaum macht. Mein Großvater hat den Baum gepflanzt, und wir hoffen sehr, daß er sich von den eisigen Stürmen des letzten Winters wieder erholen wird. Aber der Baum hat sich besser gemacht, als ich erwartet hätte, besonders wenn man die schlechte Qualität des Bodens berücksichtigt. Es ist schön, ihn anzuschauen, wenn wir im Garten sitzen, den Abend genießen und unseren Sake trinken - wir machen das sogar, wenn es regnet!" Er schaute den Arbeiter an und zwinkerte ihm freundlich zu. Während der Betrunkene sich darum bemühte, der Erzählung des alten Mannes zu folgen, entspannte sich sein Gesicht. Nach und nach öffneten sich seine Fäuste. „Ja", sagte er, „ich liebe Dattelbäume auch sehr." Er verstummte.

„Ja", sagte der alte Mann lächelnd, „und ich bin sicher, daß Sie eine wunderbare Frau haben." „Nein", erwiderte der Arbeiter, „meine Frau ist gestorben." Ganz leise, mit der Bewegung des Zuges schaukelnd, begann zu schluchzen. „Ich habe keine Frau. Ich habe kein Zuhause. Ich schäme mich so sehr." Tränen rollten ihm über die Wangen. Ein verzweifeltes Zucken schüttelte seinen Körper. Plötzlich fiel es mir wie Schuppen von den Augen. Wie ich so in meiner jugendlichen Unschuld, meiner naiven Selbstgerechtigkeit dastand, fühlte ich mich schmutziger als dieser Mann. In diesem Augenblick hielt der Zug, und ich mußte aussteigen. Als die Türen aufgingen, hörte ich den alten Mann voller Mitgefühl mit der Zunge schnalzen." „Oh je", sagte er, „das ist in der Tat eine schlimme Situation. Setzen Sie sich hierher und erzählen Sie mir mehr darüber."

Ich wandte mich um und warf einen letzten Blick zurück. Der Arbeiter lag auf dem Sitz ausgestreckt, sein Kopf ruhte auf dem

Schoß des alten Mannes. Der alte Mann strich sanft über sein dreckiges, verfilztes Haar.

Ich stieg aus und setzte mich nachdenklich auf eine Bank. Was ich mit Gewalt und Muskelkraft hatte erreichen wollen, hatte ohne Mühe die Liebe erreicht.[43]

[43] vgl. Richard Heckler, Von der Weisheit des Körpers lernen, S. 127f.

Liebe

Glück oder Unglück?

Ein alter Mann und sein Sohn bestellten gemeinsam ihren kleinen Hof. Sie hatten nur ein Pferd, das den Pflug zog: Eines Tages lief das Pferd fort.

„Wie schrecklich", sagten die Nachbarn, „welch ein Unglück."

„Wer weiß", erwiderte der alte Bauer, „ob Glück oder Unglück?"

Eine Woche später kehrte das Pferd aus den Bergen zurück, es brachte fünf wilde Pferde mit in den Stall.

„Wie wunderbar", sagten die Nachbarn, „welch ein Glück."

„Glück oder Unglück. Wer weiß", sagte der Alte.

Am nächsten Morgen wollte der Sohn eines der wilden Pferde zähmen. Er stürzte und brach sich ein Bein.

„Wie schrecklich. Welch ein Unglück`"

„Glück? Unglück?"

Die Soldaten kamen ins Dorf und holten alle jungen Männer in den Krieg. Den Sohn des Bauern konnten sie nicht brauchen, darum blieb er als einziger verschont.

„Glück? Unglück?"

Zen-Geschichte

Ein Mönch kam zu Zen-Meister Joshu und sagte: „Seht, ich habe alles losgelassen. Nichts ist mehr in meinem Bewußtsein zurückgeblieben. Was sagt ihr dazu?" Hierauf gab Joshu die unerwartete Antwort. „Wirf es fort!" Der Mönch war sehr erstaunt und betonte noch einmal: „Aber Meister, ich hab euch doch gesagt, daß ich alles losgelassen habe. Was soll ich da noch fortwerfen?" Da sagte Joshu: „Wenn dem so ist, dann mußt du es halt weitertragen."

Das Loslassen, das ihr macht, wird zum Loslassen, das euch

festhält. Ihr seid Gefangene eures „gemachten" Loslassens. Doch nur da, wo keinerlei Anhaften besteht, ist der unzerstörbare Geist vorhanden. Dort strahlt das klare Licht der Wirklichkeit auf.

Einen Ochsen schlachten

Prinz Wen Huis Koch
schlachtete einen Ochsen.
Eine Hand hob sich,
eine Schulter fiel,
Er stellte einen Fuß auf,
preßte mit einem Knie,
Mit einem Seufzer
fiel der Ochse auseinander.
Das glänzende Beil murmelte
wie ein sanfter Wind.
Rhythmus! Timing!
Wie ein heiliger Tanz,
wie der „Maulbeerhain",
wie alte Harmonien!

„Gute Arbeit!", rief der Prinz,
„Makellos ist Eure Methode!"
„Methode?" sagte der Koch
und legte sein Beil zur Seite.
„Dem Tao jenseits aller Methode
ist es, dem ich folge.

Als ich zuerst begann,
Ochsen zu schlachten,
sah ich vor mir

den ganzen Ochsen
als eine Masse.
Nach drei Jahren,
sah ich diese Masse nicht mehr.
Ich sah die Unterschiede.

Doch jetzt sehe ich nichts mehr
mit dem Auge. Mein ganzes Sein
nimmt wahr.
Meine Sinne sind still. Befreit
von jeglichem Planen,
folgt der Geist seinem eigenen Instinkt.
Geführt von der natürlichen Linie,
der geheimen Öffung, dem verborgenen Raum,
findet mein Beil
seinen eigenen Weg.
Ich durchtrenne keine Sehne,
zerhacke keinen Knochen.

Ein guter Koch braucht
jedes Jahr ein neues Beil
- er schneidet.

Ein schlechter Koch braucht
jeden Monat ein neues
- er hackt.

Dieses Beil hier brauche ich nun
neunzehn Jahre lang.
Tausend Ochsen hat es zertrennt,
seine Schneide ist so scharf,
als hatte man sie neu geschliffen.
Abstände sind zwischen den Fugen;

Die Klinge ist dünn und scharf:
Wenn diese Dünnheit
jenen Ort findet,
ist dort genug Platz.
Einer Brise gleich weht sie hindurch.
Daher ist dieses Beil
seit neunzehn Jahren so,
als wäre es gerade frisch geschliffen.

Es ist wahr,
manchmal finden sich harte Gelenke.
Ich spüre sie nahen,
ich verlangsame, schaue genau hin,
halte mich zurück, bewege die Klinge kaum
und wump! fallen die Teile auseinander,
landen wie ein Klumpen Erde.

Dann ziehe ich die Klinge zurück,
stehe still
und lasse die Freude über die Arbeit
ins Bewußtsein dringen.
Ich reinige die Klinge
und lege sie weg."

Prinz Wan Hui sagte:
„Das ist es! Mein Koch hat mir gezeigt,
wie ich
mein eigenes Leben
leben sollte."[44]

---

[44] Thomas Merton, The Way of Chuang Tzu, S. 45-47.

Schmetterlingstraum

Einst träumte Dschuang Dschou, daß er ein Schmetterling sei, ein flatternder Schmetterling, der sich wohl und glücklich fühlte und nichts wußte von Dschuang Dschou. Plötzlich wachte er auf: Da war er wieder wirklich und wahrhaftig Dschuang Dschou. Nun weiß ich nicht, ob Dschuang Dschou geträumt hat, daß er ein Schmetterling sei, oder ob der Schmetterling geträumt hat, daß er Dschuang Dschou sei, obwohl doch zwischen Dschuang Dschou und dem Schmetterling sicher ein Unterschied ist. So ist es mit der Wandlung der Dinge.

3.3. Lernen

Jede Bewegung ist heilig
(Indianischer Ausspruch)

3.3.1.a) Einleitende Gedanken

T'ai Ji ist ein wunderbares Instrument, in tieferen Kontakt mit sich zu kommen und so sich selbst zu begegnen. Betrachten wir einmal die Grundposition im T'ai Ji: Wir stehen in einem schulterbreiten Stand, unsere Körperhaltung ist entspannt, die Aufmerksamkeit ruht im Dantian, die Wirbelsäule schwingt sich weit und leicht zum Himmel empor. Diese Haltung umfaßt sowohl Entspanntsein und Fließenlassen als auch Gesammeltsein. Eine große Natürlichkeit kann sich so im Stehen entfalten. Dieser Stand entspricht dem eines Kindes, das gerade beginnt, stehen und gehen zu lernen. Es ist der vollkommen natürliche Stand des Menschen. Und so wie diese Grundhaltung entsprechen auch alle Bewegungsabläufe im T'ai Ji den natürlichen Bewegungen des Menschen.

Im Laufe der Jahre lernen wir, die Bewegungen im T'ai Ji immer natürlicher entstehen zu lassen, uns dem Fließen des Qi hinzugeben und dort, wo wir verspannt sind oder zurückhalten, loszulassen. Dies bedeutet, daß wir eine gewisse innere Arbeit vollbringen müssen. Denn dort, wo der Körper den Fluß des Qi unterbricht, wird uns im körperlichen Bereich etwas gespiegelt, das nicht nur hier, sondern vermutlich auch im psychischen Bereich zu finden ist. Der Körper zeigt uns so eine Begrenzung oder ein Verletztsein, die verhindern, daß die Lebensenergie frei fließen kann.

Im T'ai Ji üben wir also, diese Begrenzungen, Hindernisse, Verfestigungen und kristallisierten Teile in uns mit der Zeit aufzulösen, so durchlässig zu machen, daß der Fluß frei wird.

Wir kehren dadurch zu einem natürlichen Zustand zurück, einem Seinszustand, der sich auf der körperlichen Ebene mit dem Zustand eines Menschen vergleichen läßt, der mit dem Großen Tao eins geworden ist. Auf der körperlichen Ebene ist dieser natürliche Zustand dann erreicht, wenn wir uns frei und ungehindert im Fluß, im Lebensfluß, bewegen können.

Die Bewegungsabläufe im T'ai Ji haben aber nicht nur eine äußere Form, sondern auch eine Art innere, formlose Sprache, d.h. einen Inhalt. Die äußere Form verkörpert die Yang-Aspekte, der innere Raum dieser Form, ihr Inhalt, die Yin-Aspekte. Leider wird heute oft der Form, d.h. der männlichen Dimension, primäre Beachtung geschenkt, während der verborgenere, innere Anteil, der Inhalt, eher vernachlässigt wird.

Wenn wir uns vermehrt dem Inhalt zuwenden, betreten wir damit bewußt unseren inneren Raum. Und dies ist ein sakraler Raum.

In den Bewegungsabläufen des T'ai Ji findet sich ein universaler Aspekt, der über einen spezifischen Kulturraum hinausgeht. In der Wu Hsing-Form z.B., der Form der 5 Elemente, gibt es eine Stellung, in der die Arme, im Bogen nach oben gehalten, gleich einem Gefäß geöffnet sind.[45] Dieselbe Stellung finden wir auch bei indianischen Gebetsformen oder in sakralen Tänzen der unterschiedlichsten Kulturräume.[46]

Weil die Bewegungen im T'ai Ji etwas Universales in sich tragen, bin ich auch der Meinung, daß T'ai Ji-Formen niemandem gehören können. Sie sind ein universales Allgemeingut. Es ist nicht wirklich möglich, auf bestimmte T'ai Ji-Formen einen Besitzanspruch geltend zu machen. Die Formen haben ihren Ursprung im inneren Raum des Großen Tao; sie entspringen der Weisheit des Herzens. So wie die ursprüngliche indianische Philosophie besagt, daß niemand Anspruch auf den Besitz von Land erheben kann, weil die Erde einzig dem Schöpfer gehört, und wir Menschen bloß deren Verwalter sind, so sind wir auch einfach Verwalter dieser universalen, ja archetypischen Bewegungen, die wir überall auf der Erde in verschiedenen Kulturen in der einen oder anderen Ausdrucksform wiederfinden.

Die Bewegungen und Stellungen des T'ai Ji haben etwas Sakrales, Heiliges. Wir erfahren dies, wenn wir sie ausführen und sie uns auf eine bestimme Weise berühren. Man kann das ganz einfach ausprobieren: Wenn wir z.B. die Arme weit offen zum Himmel emporheben und einen Moment innehalten und dieser Körperhaltung nachspüren, beginnt diese zu unserem Herzen zu sprechen. Etwas in uns „spricht". Als weiteres Beispiel läßt sich der Ausschnitt aus der Wu-Hsing-Form anführen, in welchem wir die Arme auf der Höhe des Herzens gekreuzt halten. Es ist eine

---

[45] Vgl. Annette Kaiser, T'ai Ji - verbunden mit Himmel und Erde, S. 37.
[46] Vgl. dazu Tanz als Gebet, von Maria Gabriele Wosien , Ausgebreitete Hände, Bild mit Gebetsgebärden. Freskodetail aus den Katakomben der Presyllia in Rom, S. 50.

zentrierende Bewegung, die uns sammelt und uns gleichsam auf einen Punkt bringt. Verweilen wir in dieser Stellung einen Moment und spüren in die Körperhaltung hinein, so wird uns wiederum etwas berühren - ein Gedanke, ein Bild taucht vielleicht auf, oder ein Wohlempfinden breitet sich aus, weil wir uns als zentriert und geschützt empfinden. In unserem Körper ist eine tiefe Weisheit - und diese spricht zu uns.

In den T'ai Ji-Bewegungen begegnen wir aber auch Aspekten, die uns vielleicht weniger vertraut, weniger geläufig sind. Hier ist es spannend, sich selbst etwas genauer zu betrachten und Fragen zu stellen. Welche Bewegungen sind leicht zu erfassen, sind auf natürliche Weise eins mit dem Körper? Wo gibt es Widerstände, z.b. beim Erlernen eines neuen Formabschnittes? Welche Bewegungsabläufe widerstreben einem oder bereiten gar Schwierigkeiten? Oder warum gelingt es nicht, einen inneren Bezug zu einer bestimmten Bewegung herzustellen?

Es kann lehrreich sein, diesen Dingen auf den Grund zu gehen, weil man dabei viel über sich selbst erfahren kann. Nehmen wir ein paar Beispiele aus dem ersten Kreis und gehen wir diesen Fragen nach: Wie komme ich mit dem Faustschlag am Ende des ersten Kreises zurecht? Empfinde ich dabei viel Aggression, oder widerstrebt mir diese T'ai Ji Bewegung zutiefst? Wie steige ich über den schlafenden Tiger und wie umarme ich ihn am Ende? Welche Qualität hat der Tiger - der schlafende und der, den ich umarme? Öffne ich gerne die Türen, das dem Flügelöffnen eines Kranichs gleicht? Wie kann ich mit dem Ball umgehen? Gelingt es mir, den unsichtbaren Ball mit Leichtigkeit von rechts nach links und wieder nach rechts spiralförmig zu drehen?

Die T'ai Ji-Formen lösen bei Menschen auch öfters Träume aus. Man träumt vom Türen-Öffnen, vom Tiger, dem Wasser-, Feuer- oder Windelement usw. Das Unbewußte wird also durch die T'ai Ji-Bewegungen aktiviert und steigt als Bildsprache im Traum auf, um so ins Bewußtsein des Träumenden zu gelangen. Auch hier bietet sich uns eine Möglichkeit, mit dem verborgenen Inhalt einer T'ai Ji-Form zu „arbeiten".

Dies sind nur einige Hinweise zu den verborgenen, inneren Räumen des T'ai Ji, die ich hier mit „Inhalt" bezeichnet habe. Das T'ai Ji bietet jedem Gelegenheit, sich mit sich selbst auseinanderzusetzen, mit den eigenen Licht- und Schattenseiten in Kontakt zu kommen. Haben wir jeweils etwas erkannt, ist es zu einem bewußten Teil unserer selbst geworden und stellt nun kein Hindernis mehr dar. Auf diese Weise lösen sich Blockaden, was sich auf der körperlichen Ebene darin manifestieren kann, daß das Qi frei durch die Meridiane hindurchfließen kann. Es geht v.a. darum, eigene Begrenzungen loszulassen. Damit verbindet sich das T'ai Ji auf erstaunliche Weise mit dem Prozeß der Selbsterkenntnis, in der es, wie John Blofeld erwähnt, um ein Abstreifen aufeinanderfolgender Schichten von Verblendung geht.[47] Und dies ist ein Prozeß der Befreiung. Herrlich!

---

[47] John Blofeld, Der Taoismus oder die Suche nach Unsterblichkeit, S. 284.

3.3.1.b) Zur Kontemplation: Eine Zen-Geschichte.

Der Fleck an der Wand

Eines Nachmittags saßen mehrere Schüler in seinem Zimmer. Soji Enku saß in seinem Schreibtischsessel, und alle erzählten viel. Der Meister sagte nichts, das heißt, er hatte sich so zurückgenommen, daß man ihn gar nicht mehr wahrnahm. Er hatte nur noch schweigend, scheinbar teilnahmslos und doch alles beobachtend, dagesessen. Und auf einmal sagte er: „Schaut einmal her", und deutete dabei auf die Wand, „was ist denn das für häßlicher Fleck da? Wo kommt denn der plötzlich her?" Alle schauten dorthin und fragten: „Was für ein Fleck?" - „Da, dieser Fleck. Seht ihr ihn denn nicht? Da ist doch ein Fleck." - „Nein, wir sehen keinen Fleck." - „Ich seh ihn aber. Der Fleck stört mich unheimlich." Auf einmal nahm er die Brille ab und sagte: „Oh, er ist weg. Wieso ist der Fleck auf einmal weg?" Dann setzte er die Brille wieder auf und sagte: „Na, sowas, jetzt ist er wieder da." Daraufhin schaute er die Brille an und sagte: „Oh, was ist denn da für ein Fleck auf meiner Brille?" Alle waren sehr betreten und still danach, denn jeder hatte verstanden.[48]

---

[48] Wolfgang Kopp, Zen - Jenseits aller Worte, S. 16.

3.3.2 Alles ist im Menschen vorhanden

Ein Funken Vertrauen, einmal erwacht,
öffnet für immer den Weg.
(Zitoken Eki)

Dieses Lernen mit und durch T'ai Ji muß jeder für sich selbst tun. Alle weisen Schriften deuten darauf hin, daß man den Fluß selbst zu überqueren hat. Manchmal steht ein Hilfsmittel, ein Boot, zur Verfügung, doch die Reise müssen wir alleine tun. Jeder Mensch ist einzigartig, ist einem Tautropfen vergleichbar, der in den Ozean fließt und von diesem leuchtenden Meer aufgenommen wird, in ihm aufgeht und dabei dennoch seine Individualität nicht verliert. Dies ist natürlich paradox, doch läßt es sich nicht anders ausdrücken. Der Mensch ist wie ein Sonnenstrahl, der eine bestimmte Note in der großen Sinfonie des Universums spielt, ein Strahl, der seinen eigenen, unverwechselbaren Klang hat. Und das Zurückkehren zur Quelle, zum Ursprung, bedeutet, dieses einzigartige Wesen zu sein, es zu leben. Deshalb sind auch die Erfahrungen jedes einzelnen im T'ai Ji einmalig.

Ich möchte darum auch den Inhalt des ersten Kreises mit den dazugehörigen inneren Bildern nicht bis in alle Einzelheiten ausformulieren. Sind zu viele Bilder vorgegeben, kann dies beim Tanzen des T'ai Ji-Kreises den Zugang zu unseren eigenen, einzigartigen Erfahrungen verwehren. Wichtig aber ist das eigene Erleben dieser inneren Dimensionen: Wahrheit, dieses Große, das dem Tao zugehört und jeder einzelne in sich trägt, kann nur erfahren werden.

Wenn wir während längerer Zeit - manchmal über viele Jahre hinweg - T'ai Ji erlernen, bedeutet dies letztlich auch, daß wir uns auf einen Prozeß mit uns selbst einlassen. Und dazu braucht es Vertrauen, Vertrauen in etwas Unbenennbares. Sehr oft vermitteln uns Erfahrungen Erkenntnisse, die uns Lebenszusammenhänge bewußt erlebbar machen. Sie werden uns damit ganz und unwiderruflich zu eigen.

Solche Erfahrungen stellen sich vielleicht nicht so schnell ein. Und meist kommen sie auch nicht gerade dann, wenn wir sie erwarten, anstreben und erhoffen. Sie werden uns gegeben. Oft dann, wenn wir am wenigsten darauf gefaßt sind, fallen sie wie Sternschnuppen vom Himmel - unerwartet, erhellend. Diese Erfahrungen haben ihren eigenen Rhythmus, brauchen ihre Zeit, bis sie sich uns offenbaren. Ich möchte deshalb alle Übenden dazu ermuntern, nicht zu rasch aufzugeben und Geduld zu haben. Häufig ist es so, daß einen ganz am Anfang etwas sehr tief berührt. Und diese Faszination für das T'ai Ji oder für die darin liegende Stille ist gleichsam das Durchschreiten eines Tores. Doch dann geschieht vielleicht lange nichts mehr, und ohne unser Vertrauen zu verlieren, müssen wir geduldig warten. Manchmal wird dabei auch unsere Ernsthaftigkeit im Streben nach Selbsterkenntnis geprüft. Es gibt Zeiten, in denen wir, wie durch eine Wüste wandernd, das Üben als Last, als eine Durststrecke empfinden. In solchen Zeiten sind wir aufgefordert, durchzuhalten.

Wenn eine Erfahrung auftaucht, wenn sich uns eine Schönheit offenbart, wir eine Größe, eine Weite, ein Getragensein empfinden, dann verneigt sich das Herz in Dankbarkeit vor dieser Erfahrung. Eine Bewußtseinserweiterung hat sich vollzogen. Dinge offenbaren sich uns, die uns mit der Zeit ganz still werden lassen. Es wird im Laufe der Jahre sogar immer weniger wichtig, ob wir eine Erfahrung haben oder nicht. Wir haben aufgehört, darauf zu warten. Etwas in uns hat sich in diesem Moment leise dem Einen hingegeben.

In diesem Lernprozeß erkennen wir einerseits die meist unbewußten Begrenzungen in uns, andererseits entdecken wir auch unser Potential, das sich uns durch die faszinierende Welt der

Symbole offenbart. Eine Begegnung mit dem Tiger z.B. - sozusagen Auge in Auge - ist eine Herausforderung, ja, ein großes Abenteuer! Der Tiger verkörpert eine unglaubliche Kraft, und seine Schönheit ist überwältigend. Diesem Tier in sich selbst zu begegnen, ist wahrhaftig ein großer Schritt!

Ich konnte beobachten, daß solche Erkenntnisprozesse spiralförmig verlaufen. Gerade Symbole oder Bewegungsabschnitte, die für die persönliche, alchimistische Entwicklung und die Individualisierung zentral sind, offenbaren sich uns auf eine bestimmte Weise: Sie können uns lange immer wieder zu einem späteren Zeitpunkt begegnen, zeigen sich aber von einem anderen, vertiefenden Aspekt her. In diesem Prozeß wird die spiralförmige Entwicklung sichtbar. Diejenigen Teile, die wir, psychologisch betrachtet, von unserem Bewußtsein abgespalten und ins Unbewußte verdrängt haben, können nach und nach erkannt und so integriert werden. Dieser Prozeß des Verstehens und Lernens (vielleicht könnte es auch als „Verlernen" bezeichnet werden) dauert vermutlich ein ganzes Leben. Dem Tiger z.B. begegnet man vielleicht zuerst in einzelnen Aspekten, die sich dann mit der Zeit zu einem Ganzen zusammenfügen, das uns die volle Tragweite des Symbols erfahren läßt. Dies ist ein äußerst spannender Prozeß, den ich anhand meiner eigenen Erfahrung mit dem Tiger illustrieren möchte. Vorher aber sei noch einmal darauf hingewiesen, daß man sich aus Erfahrungen anderer zwar Impulse holen kann, das „Wissen", diese „Weisheit des Herzens", jedoch in uns allen vorhanden ist und sich auf ganz einzigartige Weise in jedem Menschen offenbaren wird. Da das Wesentliche sich in unserem Innern findet, müssen wir auch nicht so sehr nach außen schauen. Was wir aber wirklich benötigen, ist Vertrauen in diesen Prozeß.

Vertrauen

3.3.3 Der Tiger

Hast du das erreicht, so bist du wie der Drache über den Wolken, wie der Tiger in den Bergen. Überall bist du klar und in Ruhe, überall bist du frei, zu kommen und zu gehen, wie es dir gefällt. Überall kannst du nun „den Wind entfesseln und das Gras erzittern lassen". Du haftest nicht an Taten und sitzt nicht tatenlos herum.[49]

Ich habe den Tiger im Buch T'ai Ji - verbunden mit Himmel und Erde - folgendermaßen beschrieben: „Deine Arme umfangen den „Tiger", du betrachtest deine Handinnenflächen, sie werden zum Spiegel deiner selbst. Diese Bewegung heißt „den Tiger umarmen", dein kleines Ich umarmen. Du betrachtest die Licht- und Schattenseiten deines Wesens und nimmst dich ganz an, so wie du gerade bist. Der Tiger, das Ego, wird nicht als Drache mit tausend Köpfen bekämpft, nein, er wird umarmt und angenommen."[50]

Im Laufe der Jahre nun hat sich mein Zugang zu diesem Symbol verändert: Ich betrachte heute den Tiger, dem wir im T'ai Ji begegnen, immer noch als ein Spiegelbild meiner selbst, mit allen Licht- und Schattenseiten. Das Verständnis, was dies bedeuten könnte, hat sich aber vertieft. Mit den Worten C.G Jungs kann der Tiger als „prima materia" bezeichnet werden, die gleichzeitig das ganze Opus enthält. In diesem Symbol ist alles enthalten, das Bestialische ebenso wie das Göttliche. Es ist das instinktive Selbst, das als das Höhere Selbst verstanden werden kann, welches C.G. Jung als die Gesamtheit der Psyche beschreibt, die zugleich die göttliche Natur des Menschen beinhaltet. Das Selbst schließt al-

---

[49] Wolfgang Kopp, Tao Chan - Der aktive Zen-Weg, S. 79.
[50] Annette Kaiser, T'ai Ji - verbunden mit Himmel und Erde, S. 38.

les ein, was wir sind, es umfaßt Licht und Dunkel. Weil wir nach dem Bilde Gottes gemacht sind, enthält das Selbst auch unsere eigene Göttlichkeit. Das erkennen wir nur, wenn wir an unserer instinktiven Psyche arbeiten und die unbewußten Teile entdecken und integrieren. Diese innere Arbeit wird bei den Alchimisten als „opus" beschrieben. Die instinktive Psyche ist die „prima materia", das Blei, das die Grundlage des alchimistischen „opus" bildet und schließlich zu Gold verwandelt wird.

Der Tiger weist ein gestreiftes, schwarz-weiß-gelbliches Fell auf. Durch die innere Arbeit begegnen wir der ursprünglichen Teilung von Bewußtem und Unbewußtem, zwischen dem Ich und dem Schatten. Dieses Bewußtwerden der Gegensätze wird in der Alchimie als „separatio" bezeichnet - sie ist ein wichtiges Stadium im „opus". Es läßt sich mit der Evolution des Bewußtseins in Zusammenhang bringen, der Trennung von Subjekt und Objekt, die zur Existenz des individuellen Bewußtseins geführt hat. Das Erkennen von Gegensätzen in der eigenen Natur bringt Konflikte hervor. Man fühlt sich hin- und hergeworfen, man verliert die stabile Identität. Die Vereinigung der Gegensätze wird als „coniunctio oppositorum" bezeichnet. Durch das Bewußtwerden von Gegensätzen (wie sie z.b. die Jungfrau Maria und Maria Magdalena darstellen), durch das Erkennen der dualen Natur, wird die Dualität überwunden.

Das Selbst steht für die Ganzheit des Menschen und enthält alle Gegensätze, schließt jedoch auch eine transzendente Dimension ein, in der alle Gegensätze vereint sind. Dieses Paradoxon ist der Kern des ganzen alchimistischen Prozesses: Das Chaos und die Verwirrung des Unbewußten bergen ein göttliches Prinzip in sich, in dem alle Gegensätze eins sind.[51]

So ist das Selbst - dargestellt im T'ai Ji durch den Tiger - so-

---

[51] vgl. Llewellyn Vaughan-Lee, Spirituelle Traumarbeit, S. 31.

wohl „prima materia", die Urmaterie, als auch das Ziel des „opus". Der Tiger zeigt sich in den verschiedenen T'ai Ji-Formen in ganz unterschiedlicher Gestalt. Zuerst umarmen wir in der einfachsten Basisform, der Wu Hsing-Form, den Tiger. Wir treten mit ihm in Kontakt. Im ersten Kreis schläft der Tiger am Boden, wir überschreiten ihn mit dem rechten Bein. In der dritten Form bäumt sich der Tiger auf; er kommt aus der Ecke, d.h. dem unbewußten Teil des Menschen, und wir sind konfrontiert mit einem wütenden und aggressiven Tiger. Und am Schluß jeder Form umarmen wir wieder den Tiger und kehren zurück auf den Berg. Wir gehen zurück zum Ursprünglichen. Den Tiger zu umarmen bedeutet, sich mit sich selbst auseinandersetzen, die Gegensätze in sich vereinen, Schritt für Schritt, bis man das Große Tao in sich erfährt.

Auch hier möchte ich alle ermuntern, diese Entdeckungsreise, dieses Abenteuer der Bewegung zu beginnen, seinen Inhalt zu entdecken und die feine, leise Sprache darin zu hören. Wagen wir die Begegnung mit uns selbst! Oft entsteht dabei eine große Freude, weil wir zutiefst von diesen archetypischen Bewegungsabläufen, die etwas Heiliges, Heilbringendes ausstrahlen, berührt werden. Jede Bewegung ist heilig.

3.3.4 The Quest - Zurückkehren zur Quelle

3.3.4.a) Auf der Reise zur Quelle

Der Mensch ist in dieser Welt ein Reisender, der kommt und geht. Die Buddhisten sagen, es sei eine außergewöhnliche Chance, als Mensch geboren zu werden. Als Mensch das Verlangen nach Selbsterkenntnis in sich zu tragen, den Wunsch zu verspüren nach dem Namenlosen, dem Einen zu suchen, sei eine weitere ganz besondere Gnade, und noch außergewöhnlicher sei es, wenn ein Mensch dann einer Methode, einer Lehre, einem Meister oder einer Meisterin begegnet, der ihm den Weg zeige zum Göttlichen, zum Großen Tao in sich selbst. Diese drei Dinge zusammen, die Geburt als Mensch, die Sehnsucht nach dem Göttlichen und das Finden eines Pfades sind überaus selten, und es kann nicht genug betont werden, wie kostbar sie sind. Denn nur dem Menschen ist die Möglichkeit gegeben, sich seiner selbst ganz bewußt zu werden und in das Tao, das Unbenennbare, einzutauchen.

Die T'ai Ji-Formen von der Wu Hsing-Form bis zum ersten, zweiten, dritten, vierten und fünften Kreis, bilden eine wunderbare Möglichkeit, diesen Prozeß der Selbsterkenntnis in kleinen Schritten zu beginnen.

Ich möchte im folgenden ganz kurz die Inhalte der fünf Kreise beschreiben:

Die Wu Hsing-Form, die Form der 5 Elemente, legt inhaltlich den Grundstein. Der Mensch begegnet den 5 Elementen, aus denen er besteht, und versteht das Ying-Yang-Prinzip und damit auch die Wandlungsphasen der 5 Elemente.

Das Suchen der eigenen Quelle ist Thema des ersten Kreises. Er symbolisiert den Beginn der inneren Pilgerreise, das Einlassen mit sich selbst und mit dem Mysterium im Menschen. Hier sind Fragen angesprochen wie: Wer bin ich? Wie gehe ich mit meiner Lebensenergie um? Wo finde ich meine Quelle? Woher komme ich und wohin gehe ich?

Der zweite T'ai Ji-Kreis beinhaltet die Auseinandersetzung mit uns selbst, die Auseinandersetzung mit jenem Teil in uns, der hell und dunkel, entzweit und getrennt ist. Es ist die Konfrontation mit Anteilen, die uns zu einem großen Teil unbewußt lenken, und die uns von unserem eigentlichen Wesen trennen. Im 2. Teil dieses Kreises wird das Auffinden der goldenen Nadel in der Tiefe des Meeres nachvollzogen. Dies symbolisiert den Prozeß des Hinabsteigens in das eigene Dunkel; denn gerade dort liegt die Perle (C.G. Jung), die goldene Nadel, verborgen und wartet darauf, ins Bewußtsein, ins Licht geholt zu werden. Im Laufe der Jahre läßt sich durch diesen Kreis das hermeneutische Urgesetz „wie oben, so unten" erfahren.

Der dritte T'ai Ji-Kreis bringt uns in Kontakt mit den instinktiven Kräften (dem Pferd) und deren Meisterung, d.h. deren Integration. Dieser Kreis macht uns ferner bewußt, wie wichtig es ist, den „mind", den Verstand, zu kontrollieren und sein Meister, nicht sein Sklave zu werden!

Im vierten T'ai Ji-Kreis werden wir in die acht Seelenvermögen, die aus den acht Triagrammen des I Ging stammen, eingeführt. Es gilt, alle acht zu kultivieren. Gleichzeitig wird das Thema der Spirale und der Vergänglichkeit angesprochen.

Im fünften T'ai Ji-Kreis offenbart sich der ganze Pfad des Pilgers. Dieser muß in die dunkelsten Tiefen des eigenen Seins hinabsteigen, die verschiedenen Teile seiner selbst integrieren und seine Begabungen zum Dienst an der Menschheit einsetzen. Wir lernen weiterzugeben, was wir bekommen haben, lernen letztlich, nichts zu sein. Wir begegnen dem „leeren Raum", dem Nichts, das alles ist.

So durchschreiten und erfahren wir im Laufe des Übens und Lernens den Kreis. Der Kreis schließt sich: Anfang und Ende kommen zusammen. Der Kreis ist ein Sinnbild des Lebens, das sich dem großen Geheimnis - dem Tao in der eigenen Mitte, dem wahren Mittelpunkt - hinwendet, ja, zu ihm wird. Dort findet sich der sakrale Raum, der ortlose Ort im Menschen, in dem sich Sein und Nichtsein im Hier und Jetzt in alle Ewigkeit verbinden. Dies ist der tiefste Sinn des „Ruhens" in der eigenen Mitte.

Es folgen nun zur Inspiration ein paar detailliertere Hinweise zum ersten Kreis. Es ist wichtig zu verstehen, daß diese Hinweise nicht als absolute Deutungen, sondern als Interpretationsmöglichkeiten dienen sollen. Wie schon im Abschnitt 3.3.2 erwähnt, soll bei jedem die persönliche Erfahrung mit den Bewegungen im Zentrum stehen.

Wir beginnen im ersten Kreis mit dem Wecken des Qi und lassen dann eine spielerische Sequenz folgen, in der wir einen imaginären Ball kreisförmig, ja leicht spiralförmig nach rechts, nach links und wiederum nach rechts wenden. Es entsteht ein Kontakt mit einem spielerischen Element. Der Bewegungsablauf kann nur erfahren werden, wenn wir nicht zu viel denken. Die Bewegungen kommen dann ins Fließen, wenn wir mit dem Ball spielen, ihn entstehen lassen, ihn loslassen können. Nach dem Hin- und Herwenden senden wir den Ball wieder in die Weite, er schwingt zu uns zurück und wird in einer Art Schild umfaßt.

Auch der folgende Teil hat eine spielerische Komponente: Wir schicken dabei den Ball kreisförmig um die Erde herum, empfangen ihn wieder und nehmen ihn ganz in uns auf. Dies beinhaltet Loslassen und Empfangen, Geben und Nehmen, umfaßt die Beziehung von Ich und Es, von Ich und Welt, in einem ewigen Zusammenspiel von Schöpfer und Schöpfung.

Mit der Bewegung der sogenannten Peitsche wird die horizontale Linie, ein Fließen der Energie von rechts nach links, angesprochen. Im Verbinden von Himmel und Erde wird dagegen die Vertikale im Menschen betont. Durch die Verbindung der Horizontalen und der Vertikalen entsteht ein Kreuz, das aus zwei Balken, vier Enden und dem Überschneidungspunkt auf Herzhöhe besteht.

Hier nun beginnt die eigentliche innere Reise: Wir öffnen die Tore. Im klassischen T'ai Ji wird diese Bewegung „der Kranich öffnet die Flügel" genannt. Sie ist von großer symbolischer Bedeutung. Wenn wir das leichte Öffnen körperlich nachvollziehen, sehen wir, daß der Brustraum, und mit der Drehbewegung des Beines gleichzeitig, auch der Beckenraum sich leicht öffnet. Von der öffnenden Bewegung des Körpers geleitet, öffnen wir gleichzeitig auch innerlich die Türen. Es sind drei Türen. Dies ist eine Zahl, die in Märchen oft vorkommt. Drei Prüfungen sind zu bestehen, drei Wünsche sind erlaubt, dreimal darf geraten werden. Die Zahl Drei drückt auch einen harmonischen, offenbaren Aspekt der Schöpfung aus: So sprechen wir von der Heiligen Dreifaltigkeit, den Heiligen Drei Königen oder - wie in Indien -von den drei Göttern Brahma, Vishnu und Shiva, die den drei Gunas (den Grundkräften der Schöpfung) entsprechen.[52]

Das Öffnen der Türen im ersten Kreis können wir auch mit dem Wegschieben der Schleier der Maya, der Illusionen, gleichsetzen. So sagt man im Siddha-Yoga, daß es drei Schleier gebe, die den Menschen von Brahma, dem göttlichen Prinzip, trennen. Daß wir uns als schlecht, als nicht gut genug empfinden, ist der erste Schleier. Dies können wir vielleicht mit der Erbsünde, die wir im Christentum kennen, in Verbindung bringen. Es ist ein Schleier, den wir an uns selbst leicht erkennen können. Wie oft sagt nicht etwas in uns: „Ach, das kann ich doch nicht, ich bin dazu nicht gut genug." Diese Identifikation mit dem kleinen Ich, dem begrenzten, partiellen Bewußtsein, vermittelt uns das Gefühl, schlecht oder ungenügend zu sein - ein großer Schleier! Daß wir uns getrennt von allem andern fühlen, ist der zweite große Schleier. Hier ist das Ich, und da ist das andere. Das Ich ist getrennt vom Du, und zwischen den beiden gibt es keine Verbindung. Eine große Illusion, die folgende Geschichte sehr schön illustriert:

Im Dunkel zwischen den Leintüchern trafen sich die beiden großen Zehen. Nachdem sie sich begrüßt hatten, sagte die eine

[52] vgl. Rüdiger Dahlke, Mandalas der Welt, S. 126.

Zehe zur andern: „Als wir uns das letzte Mal trafen, sprachen wir über abliegende Themen und dazu fiel mir in der Zwischenzeit noch etwas ein: alte Quellen berichten von der mystischen Tatsache, daß wir zu ein und demselben Organismus gehören." Doch die andere Zehe war über eine solche Wendung des Gesprächs verärgert und entgegnete mit scharfem Ton: „Erstens glaube ich nur, was ich sehe, und zweitens ist es meine Gewohnheit, fest auf dem Boden zu stehen." Damit wandte sie sich ab und verschwand in der Dunkelheit."[53]

Daß wir denken, Gut und Schlecht existiere, wird als der dritte Schleier bezeichnet. Von einer bestimmten Ebene her betrachtet, gibt es weder Gut noch Böse. Doch ist dies ein schwieriges Thema, das genau ausgelotet und richtig verstanden werden muß. Es gibt eine Seinsweise, aus der heraus zur richtigen Zeit, am richtigen Ort, mit den richtigen Menschen eine Handlung getan werden kann, die keine „Spuren" hinterläßt. Ob dieses Prinzip richtig angewandt wurde, läßt sich an den Auswirkungen der Handlung erkennen: sie ist immer ein Segen für die Menschheit. Die Geschichte von Moses und Khidr kann dieses Prinzip verdeutlichen:

Dort, wo die zwei Meere sich begegnen, traf Moses Khidr, einen, den Allâh Sein Wissen gelehrt hatte. Moses fragte Khidr: „Soll ich dir folgen, damit du mich bei dem führst, was dich gelehrt wurde?"

„Du wirst es bei mir nicht aushalten können," erwiderte Khidr. „Wie könntest du auch ertragen, was dein Begreifen übersteigt?"

Moses sagte: „So Allâh will, wirst du mich geduldig finden; Ich werde mich deinem Befehl nicht widersetzen."

Khidr sagte: „Wenn du mir folgen willst, darfst du keine Fragen stellen, bis ich selbst zu dir darüber spreche."

---

[53] P.L. Giovannetti, Kaminfeuergeschichten, S. 38.

Sie machten sich gemeinsam auf den Weg. Sie bestiegen ein Schiff, und sofort bohrte Khidr ein Loch in den Schiffsboden. „Was für eine sonderbare Sache du getan hast!" wunderte sich Moses. „Hast du ein Loch gebohrt, um die Passagiere zu ertränken?"

„Habe ich dir nicht gesagt", erwiderte er, „daß du es bei mir nicht aushalten wirst?"

„Entschuldige meine Vergeßlichkeit", bat Moses, „sei deswegen nicht erzürnt über mich."

Sie gingen weiter, bis sie einem jungen Mann begegneten. Moses' Begleiter tötete diesen jungen Mann und Moses sagte: „Du hast einen unschuldigen Menschen getötet, der nichts Böses tat. Du hast ein niederträchtiges Verbrechen begangen."

„Habe ich dir nicht gesagt, daß du es bei mir nicht aushalten wirst?" erwiderte Khidr.

Moses sagte: „Wenn ich dich noch einmal ausfrage, verlasse mich; denn dann hätte ich es verdient."

Sie gingen weiter, bis sie zu einer Stadt kamen. Sie baten die Anwohner um etwas zu essen, doch wollten diese sie nicht bewirten. Als sie auf eine Mauer stießen, die einzustürzen drohte, richtete Moses' Begleiter sie wieder auf. Moses sagte zu seinem Begleiter: „Wenn du es gewollt, hättest du um Lohn für deine Arbeit bitten können."

„Nun ist die Zeit gekommen, wo wir uns trennen müssen", sagte Khidr, „doch zuvor will ich dir jene Handlungen deuten, die du nicht geduldig mit ansehen konntest."

Das Schiff gehörte ein paar armen Fischersleuten. Ich beschädigte es, denn wäre es zur See gefahren, hätte ein König, der zu dieser Zeit jedes Boot mit Gewalt an sich riß, sich seiner bemächtigt.

Der Jüngling war ein Verbrecher, der viele Verbrechen begangen und vielen Leuten, einschließlich seinen Eltern, Leid gebracht hätte.

Was die Mauer angeht, gehört sie zwei Waisenknaben, deren Vater ein ehrbarer Mann war. Unter der Mauer liegt ihr Schatz begraben. Allâh verfügte in seiner Gnade, daß sie diesen Schatz ausgraben sollen, wenn sie das Mannesalter erreichen. Was ich tat, tat ich nicht aus eigenem Willen.

Dies ist die Bedeutung meiner Handlungen, die du nicht geduldig mit ansehen konntest."[54]

Auch im Sufismus spricht man von den drei großen Schleiern Geld, Besitz und Sex. Und sehen wir genauer hin, sind dies ganz grundlegende Illusionen, welche die Menschen fundamental beschäftigen. Es geht nicht darum, daß wir diese Dinge nicht haben oder leben sollen, sondern darum, ihnen nicht anzuhaften. Ein wirklicher Lehrer ist weder durch Besitz, noch durch Geld oder Sex zu „bestechen". Es gibt nicht viele Menschen, die diese drei Schleier hinter sich gelassen haben.

Im Buddhismus werden Haß, Gier und Verblendung als die drei großen Schleier bezeichnet, die alles Leid in der Welt verursachen. Wir mögen vielleicht nie abgrundtiefen Haß empfunden haben. Aber zum Haß gehört jede Form der Ablehnung, z.B. auch die Ablehnung einer gewissen Lebensweise. Haß ist das passende Etikett für alle kleinen, mittleren oder großen Emotionen und Gedanken, die sich gegen etwas stellen: man mag etwas nicht, empfindet vielleicht Eifersucht, Furcht, Angst, Widerwillen oder ein Mißfallen.[55]

Gier ist der Gegenpol zum Haß; Gier bedeutet Haben- und Behaltenwollen, Habgier. Und Habenwollen ist Zeichen dafür, daß wir ein Defizit verspüren, innerlich nicht ganz erfüllt sind. Aber dieses Unerfülltsein kann niemals von außen, sondern nur

---

[54] Koran, Sura 18, zit. bei Llewellyn Vaughan-Lee, Die Transformation des Herzens, S. 171ff.

von innen her befriedigt werden. Gier drückt sich auch in den kleinen Begierden aus, wie z.B. Schönes und Gutes sehen, hören, schmecken, riechen und berühren wollen. „Mit Gier reagieren wir auf angenehme, mit Haß auf unangenehme Gefühle." [56]

Im Sinne Buddhas bedeutet Verblendung nur eines: Unseren Glauben an ein Ich. Diese Ich-Illusion ist die erste, ja die einzige Verblendung. „Sie beruht darauf, daß wir an den fünf Daseinsgruppen anhaften."[57]

Dies sind verschiedene, ganz grundsätzliche Arten, wie wir diese Schleier in unserem Menschsein erfahren. Wenn wir im T'ai Ji eine Türe öffnen, kann dies auch einfach bedeuten, daß wir eine Illusion entlarven, „ent-täuscht" werden! Kleine Erkenntnisschritte sind von großer Wichtigkeit, denn jeder noch so kleine Schritt bedeutet ein Stück Befreiung, ein Abbauen der eigenen Grenzen. Das Öffnen der drei Türen im T'ai Ji wird so zu einer Bewegung, die uns wirklich, einem Kranich gleich, die Flügel öffnen läßt und uns nach und nach zu unserer Quelle zurückführt.

Die nächste Sequenz, das Bogenspannen, ist für den Inhalt des ersten Kreises von zentraler Bedeutung. Wir üben das Spannen des Bogens und lernen dabei, mit unseren Kräften umzugehen, lernen, ganz entspannt und trotzdem höchst konzentriert zu sein. Dies muß immer und immer wieder geübt sein, und es ist ein Üben, das den ganzen Menschen umfaßt, wie dies Eugen Herrigel in seinem Buch „Zen in der Kunst des Bogenschießens" so eindrücklich beschreibt. Die Erfahrungen, die er in seiner gut siebenjährigen Lehrzeit gemacht hat, sind zutiefst inspirierend, und ich möchte deshalb in einem Exkurs die wichtigsten Stationen seiner Ausbildung zusammenfassen.

[56] ebda., S. 173.
[57] ebda., S. 174.

Exkurs: Zen in der Kunst des Bogenschießens

Professor Herrigel beschreibt das Bogenschießen als ein Können, dessen Ursprung im geistigen Üben liegt. Es ist eine Angelegenheit auf Leben und Tod: Der Schütze zielt auf sich selbst. Diese Auseinandersetzung mit sich selbst offenbart das geheime Wesen dieser kunstlosen Kunst, zu der nur jene Zugang erlangen, die reinen Herzens und ohne Nebenabsichten sind. Das Wesen des Bogenschießens offenbart sich, wenn der Schütze trotz all seines Tuns unbewegte Mitte wird: „Die Kunst wird kunstlos, das Schießen wird zu einem Nichtschießen, zu einem Schießen ohne Bogen und Pfeil; der Lehrer wird wieder zum Schüler, der Meister zum Anfänger, das Ende zum Beginn und der Beginn zur Vollendung."[58] Die geistige Haltung, d.h. das Bewahren des Einen, ist Voraussetzung für die unmittelbare Erfahrung des Einswerdens mit dem Urgrund allen Seins und Nichtseins. Diese Erfahrung im Zen kann, wie alle mystischen Erfahrungen, nur von Mystikern wirklich verstanden werden; und um diesen Weg zu gehen, ist es sehr wichtig, schreibt Professor Herrigel, einen Lehrer zu haben. Dieser wird den Schüler in genauer Kenntnis dessen Charakters schulen und ihm, indem er nur knappe Anweisungen gibt, seine eigenen Erfahrungen machen lassen. Der Lehrer kann einem Fahrzeug verglichen werden, das es am Schluß der Reise loszulassen gilt. Der Schüler steigt sozusagen auf die Schultern des Lehrers und geht weiter.

Der erste Schritt im Erlernen der Bogenschießkunst war für Professor Herrigel das Spannen des Bogens. Dies mußte so lange geübt werden, bis es machtvoll und doch mühelos gelang. Der Bogen sollte so gespannt sein, daß ein scharfer Schlag zu spüren

---

58 Eugen Herrigel, Zen in der Kunst des Bogenschießens, S. 14.

und gleichzeitig ein tiefes Summen zu hören war. Und dieses Spannen sollte möglichst mühelos geschehen. Nach langem erfolglosem Bemühen, bei dem der Meister zwar den Eifer seines Schülers lobte, jedoch seinen Kraftaufwand tadelte, lehrte er ihn, daß der Atem Ursprung der geistigen Kraft ist: „Das Einatmen... bindet und verbindet, im Festhalten des Atems geschieht alles Rechte, und das Ausatmen löst und vollendet, indem es alle Beschränkung überwindet."[59] Der Meister lehrte ihn, sein Bemühen aufzugeben, gelockert zu bleiben und sich so auf den Atem zu konzentrieren, als ob es gar nichts anderes zu tun gäbe, so lange bis er nicht mehr selbst atme, sondern „geatmet" werde. Daß Professor Herrigel das Spannen des Bogens nach einem Jahr intensivsten Übens gelang, schien ihm kein erschütterndes Ergebnis.

Der nächste Schritt war das Lösen des Schusses, was bedeutet, daß die Finger, die beim Spannen des Bogens den Daumen umschließen, sich öffnen und diesen freigeben. Dies muß völlig absichtslos geschehen, denn wirkliche Kunst hat - wie nach langem fruchtlosen Üben der Meister seinen Schüler in einem ersten ausführlichen Gespräch lehrte -weder Zweck noch Absicht. Ein Schuß - ein Leben! Der rechte Schuß im rechten Moment bleibt aus, solange der Schütze nicht von sich selbst loskommt. Der Meister wies ihn auch darauf hin, daß er sich schon vor dem Unterricht sammeln müsse, da nicht nur körperliche Gelockertheit, sondern auch geistige Lockerung vonnöten sei. Dies kann nicht mehr nur durch die Atmung allein geschehen, sondern durch ein Sichzurücknehmen aus allen wie auch immer gearteten Bindungen. Das Tor der Sinne wird geschlossen, die Konzentration richtet sich auf den Atem, und ein Zustand geistiger Wachheit stellt sich ein, der gleichzeitig ein Ruhen in der eigenen Mitte ist. Aus die-

[59] ebda., S. 31.

sem Seinszustand heraus, der von Grund aus absichtlos und ichlos ist und den der Meister als eigentlich „geistig" bezeichnet, löst sich der Pfeil so, wie Schnee von einem Bambusblatt fällt. Dieses absichtslose Lösen des Schusses wollte Professor Herrigel auch nach dem dritten Unterrichtsjahr nicht gelingen, und dieses hartnäckige Versagen machte ihm zu schaffen.

Das Lösen des Schusses beschäftigte ihn tagaus tagein, und dies auch in seinen Sommerferien, die er am Meer verbrachte. Es schien ihm, der Fehler liege an seinem technischen Können, und nicht an einem Mangel an Absichtslosigkeit und Ichlosigkeit. Als er sich daran erinnerte, wie beim Gewehrschießen der Abzug betätigt wird, übertrug er diesen technischen Trick auf das Bogenschießen. Es gelang ihm, den Schuß auf diese Weise zu lösen, und er ging nach den Ferien mit dem beruhigenden Gefühl, ein Stück weitergekommen zu sein, wieder in das Dojo zurück. Stolz zeigte er dem Meister seine neue Fertigkeit, worauf ihn dieser forsch wegschickte und ihm verbot, je wiederzukommen. Erst nach langem Bitten nahm ihn der Meister unter der Bedingung des Versprechens, daß er nie wieder gegen den „Geist der Lehre" verstoßen würde, erneut auf.

Dies geschah im vierten Jahr des Unterrichts. Die Zeit verging und Professor Herrigel machte sich Gedanken über sein Fortkommen, da sein Aufenthalt in Japan nur von begrenzter Dauer war. „Der Weg zum Ziel" meinte sein Meister, „ist nicht auszumessen. Was bedeuten da Wochen, Monate, Jahre?"[60] Immer noch übte er das Spannen des Bogens und das Lösen des Schusses. Doch das absichtslose Verweilen in höchster Spannung und das ichlose Loslassen wollten ihm nicht gelingen. Wochen vergingen, ohne daß er fühlte, weitergekommen zu sein, doch berührte ihn dies nicht mehr. Das Ziel schien in so weite Ferne gerückt, daß

[60] ebda., S. 64.

er sich nicht mehr darum kümmerte. Doch ohne selbst recht zu wissen wieso, übte er weiter und weiter. Da, eines Tages, nach einem Schuß verneigte sich der Meister plötzlich vor ihm und sagte: „Soeben hat ‚Es‘ geschossen." Professor Herriegel starrte ihn fassungslos an, denn er selbst hatte dies nicht bemerkt. Erst mit der Zeit wußte er, wann „Es" geschossen hatte.

Nach einer Weile wurde die Scheibe installiert, der Bogen gespannt, der Pfeil eingesetzt und weiter geübt. Die Pfeile flogen jedoch nicht weit. „Ihre Pfeile werden nicht ausgetragen", meinte der Meister, „weil sie geistig nicht weit genug reichen. Sie müssen sich so verhalten, als wäre das Ziel unendlich fern." Und weiter sagte er: „Es liegt nicht am Bogen, sondern an der „Geistesgegenwart", an der Lebendigkeit und Wachheit, mit der Sie schießen. Es ist dann so, als ob Sie die Zeremonie, anstatt wie etwas auswendig Gelerntes abzuwickeln, aus der Eingebung des Augenblicks schüfen, so daß Tanz und Tänzer ein und dasselbe sind."[61]

Das Üben ging weiter; es galt nun, die Zielscheibe zu treffen. Manchmal traf er, manchmal überhaupt nicht. Der Meister machte ihn darauf aufmerksam, daß die letzte Meisterschaft erst dann erreicht sei, wenn jeder Schuß trifft, wenn „Es" durch alles hindurch tanzt, so daß Inneres und Äußeres eins sind und der Schütze das Ziel trifft, ohne äußerlich gezielt zu haben. Da entfuhr es Professor Herrigel plötzlich: „Dann müßten Sie es auch mit verbundenen Augen treffen!"[62] Damit hatte er seinen Meister herausgefordert. Dieser bestellte ihn für den Abend ins Dojo. Der Meister war da, Bogen, Pfeil und Zielscheibe. Die Augen wurden verbunden: Er spannte den Bogen - schoß. Es schoß. Der Pfeil traf mitten ins Schwarze hinein. Der Meister nahm einen zweiten

---

[61] ebda., S. 69.
[62] ebda., S. 73

Pfeil und auch dieser traf. Ja, er spaltete sogar einen Teil des ersten Pfeiles am Schaft ab, bevor er sich ins Schwarze hineinbohrte. „Es" hatte geschossen, „Es" hatte getroffen. Und der Meister sagte: „Verneigen wir uns vor dem Ziel als vor Buddha."[63]

Es schien, daß der Meister mit seinen beiden Pfeilen auch den Schüler getroffen hatte. Er kam von da an nicht mehr in Versuchung, sich darum zu kümmern, was mit seinen Pfeilen geschah, sondern übte weiter und weiter. Und manchmal, wenn Professor Herrigel schlecht schoß, kam der Meister, nahm dessen Bogen und schoß damit einige Pfeile ab. Und wenn Professor Herrigel dann wieder mit seinem Bogen weiterübte, war eine auffällige Besserung spürbar. So übte und übte er, und dann, eines Tages, unterbrach ihn der Meister und sagte: „Jetzt eben ist die Bogensehne mitten durch Sie hindurchgegangen."[64]

Nach fünf Jahren intensivsten Übens schlug der Meister vor, in Anwesenheit von Zuschauern eine Prüfung abzulegen. Professor Herrigel hatte sich vorbereitet, und am Tage der Prüfung glitt er wie immer in den Stand der Geistesgegenwart hinein und blieb den Zuschauern gegenüber vollkommen gleichmütig.

Nach der Prüfung bekam der Unterricht ein neues Gesicht. Es ging jetzt um die „große Lehre" des Bogenschießens. Die Erläuterungen des Meisters waren spärlich, geschmückt mit geheimnisvollen Bildern und dunklen Vergleichen. Doch selbst spärliche Andeutungen genügten, daß die Schüler verstanden, um was es ging. Am ausführlichsten verweilte er beim Wesen der kunstlosen Kunst, zu der das Bogenschießens führen müsse, wenn es sich vollenden wolle. „Wer es vermag", sagte der Meister, „mit dem Horn des Hasen und dem Haar der Schildkröte zu schießen, also ohne Bogen (Horn) und Pfeil (Haar) die Mitte zu treffen, der erst ist Meister im höchsten Sinne des Wortes, Meister der kunst-

[63] ebda., S. 74.
[64] ebda., S. 77.

losen Kunst, ja, die kunstlose Kunst selbst, und somit Meister und Nichtmeister in einem."[65]

Nach weiteren Jahren des Übens und Lernens mußte Abschied genommen werden. Professor Herrigel mußte nach Europa zurückkehren. Natürlich hatte er Bedenken, ob er zu Hause diese kunstlose Kunst weiterführen und vervollkommnen könne. Der Meister beruhigte ihn und sagte, daß, wenn der Lehrer und der Schüler nicht mehr zwei, sondern eins seien, sich der Schüler jederzeit vom Meister trennen könne. Er solle ihm lediglich von Zeit zu Zeit Aufnahmen schicken, aus denen ersichtlich sei, wie er den Bogen spanne. Daraus würde er alles, was er wissen müsse, ablesen können.

Zum Abschied überreichte ihm der Meister seinen eigenen besten Bogen und sagte: „Wenn Sie mit diesem Bogen schießen, werden Sie fühlen, daß die Meisterschaft des Meisters gegenwärtig ist. Geben Sie ihn keinem Neugierigen in die Hand! Und wenn Sie ihn bestanden haben, bewahren sie ihn nicht als Erinnerung auf! Vernichten Sie ihn, daß nichts zurückbleibt als ein Häuflein Asche!"[66]

Professor Herrigel beschreibt ganz zum Schluß seines Buches, was ein Schüler auf dem Weg der kunstlosen Kunst durchleben muß: „Er muß den Ur-Sprung wagen, damit er aus der Wahrheit lebe, wie einer, der mit ihr völlig eins geworden ist. Er muß wieder zum Schüler, zum Anfänger werden, das letzte, steilste Stück des Weges, den er eingeschlagen hat, überwinden, durch neue Wandlungen hindurchgehend. Besteht er dieses Wagnis, dann vollendet sich sein Schicksal darin, daß er der ungebrochenen Wahrheit, der Wahrheit über aller Wahrheit, dem gestaltlosen Ursprung aller Ursprünge, dem Nichts, das doch alles ist, begegnet,

---

[65] ebda., S. 79.
[66] ebda., S. 81.
[67] ebda., S. 94.

von ihm verschlungen und aus ihm wiedergeboren wird." [67]

Ein weiterer Aspekt der T'ai Ji-Bewegung bezüglich des Bogenspannens, des Zielens und des Loslassens ist es, das Ziel im Auge zu behalten. Dies bedeutet, eine innere Ausrichtung zu bewahren. Was ist in meinem Leben wirklich wichtig? Oft, wenn ich mich zu stark vom Alltag habe vereinnahmen lassen, ziehe ich mich für einen Moment zurück und stelle mir vor, ich hätte nur noch eine kurze Zeitspanne, vielleicht 2 bis 3 Monate zu leben. Ich stelle mir die Frage: „Was ist in dieser Situation wirklich wichtig? Was bleibt von all diesen vielen alltäglichen Dingen übrig, das essentiell ist?" Wenn wir in Ruhe über diese Fragen nachdenken und kontemplieren, erfahren wir sehr schnell, daß ganz viele Dinge im Leben angesichts des Großen „Einen" völlig unwichtig sind. Es ist anfänglich sehr wichtig, sich das Essentielle - die Zielscheibe sozusagen - vor Augen zu halten.

Später dann kommt die Zeit, in der wir das Ziel im Auge behalten, ohne das Ziel im Auge zu behalten, Üben ohne zu üben, T'ai Ji tanzen, ohne T'ai Ji tanzen zu wollen. Es ist dies ein paradoxes Phänomen, und wenn es eintritt, werden Weg und Ziel mit dem Übenden eins.

Mit der einsammelnden Bewegung ist immer wieder der Aspekt der Kontemplation, der inneren Sammlung, angesprochen. Es entsteht eine Ruhepause, eine Stille zwischen den Bewegungen, ein Zwischenraum, der es uns ermöglicht, zu reflektieren, was in der Bewegung geschehen ist.

Zum Schluß der Form des ersten Kreises steigen wir über den schlafenden Tiger. Der Tiger liegt schlafend quer vor uns auf dem Boden. Tiger und Ich sind noch differenziert: Der Mensch geht aufrecht, das Tier liegt. Noch sind die Kräfte „ungeweckt", ihr wahres Gesicht verborgen. Wir steigen über das Tier.

Und dann kommt dieser Moment, in der die linke Hand, die Yin-Hand oder Mondhand, und die rechte Hand, die Yang-Hand oder Sonnenhand, mit einem Faustschlag eins werden. Es ist so, als würden die beiden Urpole für den Bruchteil einer Sekunde verschmelzen. Der Faustschlag, der von der Hüfte ausgeht, ist wiederum ein sehr interessanter Bewegungsvorgang. Die rechte Faust (Sonnenhand), die das Männliche symbolisiert, drückt eine bestimmte Kraft aus. Die linke Mondhand, Symbol für das Weibliche, drückt Schönheit aus. Kraft und Schönheit sind die beiden Urkräfte der Schöpfung, Urkräfte, die stets in Wandlung sind. Die Faust (Yang-Prinzip) trifft imaginär auf das Yin, die Mondhand, die ihrerseits das Yang gerufen hat. Daraus entsteht für den Bruchteil einer Sekunde dieses Einssein. Indem sich die Hand öffnet, entsteht eine Blumenhand, eine Lotushand, die sich aus der sich öffnenden Faust ergibt. Dies repräsentiert etwas neu Gewachsenes, etwas Drittes, entstanden aus dem Einssein der beiden Teile Yin und Yang.

Zum Abschluß wird diese Erfahrung wieder eingesammelt, d.h. energetisch wird das Qi ins Dantian zurückgeführt. Wir verbinden uns nochmals mit der Erde und dem Himmel, umarmen den Tiger und kehren zurück auf den Berg.[68]

Betrachten wir nun die T'ai Ji-Form des ersten Kreises aus einem weiteren Blickwinkel, so erscheinen die Bewegungen wie ein sakraler Tanz. Dies wird oft auch so erfahren. Der T'ai Ji-Tanz wird zum Gebet, wird bewegte Form für das Unbenennbare, das Unsichtbare. Der tanzende Körper wird zum Tempel, der ein Fenster hin zur Ewigkeit öffnet.[69]

Wenn wir auf diese Weise T'ai Ji tanzen, ja, betend tanzen, wird unmittelbar erfahrbar, daß wir ganz natürlich in uns eine unendliche Verehrung für dieses Eine, Unbenennbare tragen. Mystiker sprechen vom Zustand des inneren Gebets. Mit Gebet ist

---

[68] Vgl. Annette Kaiser, T'ai Ji - verbunden mit Himmel und Erde, S. 39.
[69] Vgl. Maria Gabriele Wosien, Tanz als Gebet, S. 12f.

hier nicht gemeint, was allgemein darunter verstanden wird. Die höchste Form des Gebets ist es, mit dem Unbenennbaren zu verschmelzen. Das ist ein Seins-Zustand. Teresa von Avila beschreibt in ihrem 1157 entstandenen Werk, „Die innere Burg", die Phasen, die ein Mensch durchschreitet, bis er all-eins ist.[70] Die Gebetsphasen, die sie als Wohnungen beschreibt, sind hier verstanden als Prozeß der Bewußtwerdung, hin zur unio mystica, dem eigentlichen natürlichen Zustand des voll-erwachten Menschen. In der ersten Wohnung (1. Gebetsphase) geht es um die Bereitschaft, sich selbst zu erkennen, sich so zu sehen, wie man ist und nicht, wie man zu sein denkt. Die „Augen" beginnen sich nach innen zu richten. In der zweiten Wohnung (zweite Gebetsphase) wächst die innere Sammlung. Der Entschluß, daß Gottes Wille geschehen möge, vertieft sich. In der dritten Wohnung (3. Gebetsphase) erfährt der Mensch Dürre; es gibt kaum Wasser, er muß lernen durchzuhalten, wird geprüft. Die Einsicht verdeutlicht sich, daß der Mensch von Gott abhängig ist. In der vierten Wohnung (4. Gebetsphase) übernimmt nun Gott die Führung im Menschen. Der Mensch erfährt Beglückung und Trost. Die Aufmerksamkeit ist ganz auf Sein Wollen und Lieben nach innen gerichtet. Wichtig ist in dieser Gebetsphase, nichts eigenes zu erstreben, nichts zu wollen, an nichts festzuhalten. Ist alles losgelassen, wird das Erfahren der Vereinigung möglich, überall, auf der Straße, in der Kontemplation. In der fünften Wohnung (5. Gebetsphase) wünscht sich der Mensch nichts mehr für sich selbst; er beginnt, ein Diener der Menschheit zu werden. Der Mensch weiß hier, daß Gott im Innern der Seele ist und die Seele in Gott ruht. In der sechsten Wohnung (6. Gebetsphase) wird der Mensch vorbereitet zu allerhöchsten Gnaden. Die dunkle Nacht der Seele wird durchlebt. Wunderbares, Seltsames und Verwirrendes ereignet

---

[70] Erika Lorenz, Teresa von Avila, S. 32f.

sich. Es ist die Vorbereitung auf die unio mystica, die in der siebten Wohnung stattfindet. Symbolisch gesprochen tritt in dieser Wohnung die Braut in das Gemach des Bräutigams. Die chymische Hochzeit findet statt, das Geheimnis der Schöpfung enthüllt sich. Hier ist der Mensch das, was er ist. Es ist die letzte Gebetsphase.

T'ai Ji ist konzentrierte, entspannte Bewegtheit aus der Stille. Die Bewegungen werden zu sichtbaren äußeren Zeichen für die Dimension des Großen Tao. So wächst das Endliche über sich selbst hinaus und berührt vielleicht eines Tages den Saum des Himmels. Im T'ai Ji lernen wir, uns selbst zu erkennen, und dies bedeutet im tiefsten Sinne, sich dem Tao, dem Schöpfer, zurückzugeben. Mit anderen Worten wird der Mensch in die Einheit mit seinem Schöpfer, in die göttliche Gegenwart des Augenblicks, zurückgeholt.Ich denke, daß diese stille, oft leise in der Sammlung sich vollziehende Verehrung des Großen, Unbenennbaren uns wirklich zur Quelle zurückführt, denn „Er" oder „Das", das Namenlose, das Tao oder das „Große" im Menschen sind eins.

3.3.4.b) Zur Kontemplation - Aus der Quelle geschöpft: Haikus[71]

Der grosse Morgen -
Winde aus alten Zeiten
wehen durch die Kiefer. (Onitsura)

[71] Die Haikus sind folgenden Werken entnommen: Haiku, dtv klassik, 1994. Rudolf Seitz, Was ist der Weg? Er liegt vor deinen Augen, Kösel, 1985. W. Holmes Stuart, Tuschspuren in der Ewigkeit, D.V. Barth, 1994.

Es gibt sich hin, ach
den stillen Kirschenblüten
das Ohr des Innern. (Onitsura)

Als ich zurücksah,
war die Welt ertrunken
in Kirschblüten. (Chora)

Diese Welt der Tautropfen.
Es mag ein Tautropfen sein
und dennoch – dennoch. (Isa)

Der Frühling geht -
die Vögel schrein ihm nach,
in den Augen der Fische sind Tränen. (Basho)

Wie nah wir uns sind
an diesem Sommerabend,
und dennoch so fern.

Obwohl kein Buddha
steht doch so selbstvergessen die alte Kiefer. (Issa)

Wassermelonen:
Sogar sie
kommen mit sich selbst zurande. (Ransetsu)

Was ist unser Leben?
Ein Baum am Wege
um unterzustehen. (Sogi)

Die Sonne
im Auge des Falken,
der zurückkehrt auf meine Hand. (Tairo)

Die Libelle
sitzt auf dem Stock,
der für sie zum Schlag erhoben ist. (KÙyo)

Nichts
in der Stimme der Zikade sagt,
wie bald sie sterben wird. (Basho)

Ein Mönch im Nebel:
Sichtbar
durch seine Fußglöckchen. (Meisetsu)

Ein Bergkloster;
eine Mönchshand verfehlt die Glocke -
kaum hörbarer Laut. (Buson)

Die Schritte des Ersehnten,
wie fern sie sind
auf den gefallenen Blättern. (Buson)

Sie sagten kein Wort:
der Scheidende, der Bleibende,
die weisse Chrysantheme. (Ryote)

Der Wintersturm
bläst kleine Steine
gegen die Tempelglocke. (Buson)

Wintermond.
Ein Tempel ohne Tor.
Wie hoch der Himmel. (Buson)

Der letzte Schnee im Garten -
der Besen vergißt,
was er fegt. (Bashù)

Am Ende meiner
Reise ohne Ziel will ich fallen
in Ginsterblüten. (Sora)

3.3.5 Anfänger-Geist

Alles, was mit Worten ausgedrückt werden kann, gehört in den Bereich des Relativen und ist nicht wirklich wichtig. Es ist, als würde man mit dem Finger auf den Mond zeigen. Etwas ganz anderes aber ist es, den Mond selbst zu erfahren. Wichtig ist vielleicht nur eines: Anfänger-Geist. Es ist dies etwas, das uns der Zen-Meister Suzuki in seinem Buch „Zen-Geist Anfänger-Geist"[72] auf so herrliche Weise vermittelt hat. Anfänger-Geist meint einen offenen Geist, ein offenes Herz, das in jedem Moment mit Freude annimmt, was gerade ist. Dies kann nur jemand, der leer ist - nichts weiß, nichts Bestimmtes sein oder besitzen will. Und je länger wir üben, desto wichtiger wird dieser Anfänger-Geist: Der Mensch weiß, daß er nichts weiß, ist einfach mit offenen Augen, offenem Herzen und innerer Klarheit da. Er kann auch lachen,

[73] Shunryu Suzuki, Zen-Geist Anfänger-Geist, Theseus Verlag, Zürich 1970

zutiefst lachen über sich selbst, über das Leben, ja, über den ganzen Kosmos. Das Leben ist ein Tanz, nicht weniger, nicht mehr. Es ist in tiefstem Sinne ein Liebestanz zwischen DEM und uns. In diesem Geiste wird es leicht, immer wieder alles Gelernte und Gehörte zu vergessen, loszulassen und ein Anfänger zu sein - hier und jetzt.

Heiterkeit

Literaturliste

Ayya Khema: Meditation ohne Geheimnis, Theseus-Verlag, Zürich 1988

Blofeld, John: Der Taoismus oder Die Suche nach Unsterblichkeit, Eugen Diederichs Verlag, München 19944

Brother Lawrence: The Practice of the Presence of God, Hodder and Stroughton, London 1981

Conway, Timothy: Woman of Power and Grace: Nine Astonishing, Inspiring Luminaries of Our Time, The Wake Up Press, California 1994

Cornelssen, Lucy (Hrsg.): Sri Ramana Maharshi, Die Suche nach dem Selbst, Ansata, Interlaken 1995

Dahlke, Rüdiger: Mandalas der Welt, Wilhelm Heyne Verlag, München 1985

Giovannetti, P.L.: Kaminfeuergeschichten, Nebelspalter-Verlag, o.O. 1973

Glassmann, Bernhard; Fields, Rick: Instructions to the Cook, Bell Tower, 1996

Guorui, Prof. Jiao: Das Spiel der 5 Tiere, Medizinische literarische Verlagsgesellschaft MBH, Velzen 1992

Haiku, dtv Klassik, München 1994, ausgewählt und übersetzt von Dietrich Krusche

Heckler, Richard: Von der Weisheit des Körpers lernen, Ansata, Interlaken, 1987

Herrigel, Eugen: Zen in der Kunst des Bogenschießens, Otto Wilhelm Barth Verlag, Bern, München, Wien 199132

Huwiler, Frida: Lebensbäume, Walter Verlag, Olten 1989

Johari, Harish: Das Grosse Chakra-Buch, Bauer Verlag, Freiburg im Breisgau 1979

Kaiser, Annette: T'ai Ji - verbunden mit Himmel und Erde, Ch.Falk-Verlag, Seeon 1990

Kogetsu, Tani; Shimano, Eido Tai: Zen Worte Zen Schrift, Theseus,

Zürich 1990

Kopp, Wolfgang: Befreit Euch von allem, Ansata Verlag, Interlaken 1991

Kopp, Wolfgang: Zen - Jenseits aller Worte, Ansata Verlag, Interlaken 1993

Kopp, Wolfgang: Tao Chan - Der aktive Zen-Weg, Ansata Verlag, Interlaken 1994

Lao-Tse: Jenseits des Nennbaren, Herder Bücherei, 1979

Lasalle, Pater (Hrsg.): Der Ochs und sein Hirte. Zen-Augenblicke, Kösel Verlag, München 1990

Lorenz, Erika: Teresa von Avila, Novalis Verlag, Schaffhausen 1982

Mallasz, Gitta: Sprung ins Unbekannte, Daimon Verlag, Einsiedeln 1990

Merton, Thomas: The Way of Chuang Tzu, Shambala Publications, 1992

Mother Meera: Answers, Rider, London 1991

Nisargaa Datta Maharaj: Die Lehre der „Einfachheit" in Theorie und Praxis, o.O. 1972

Pennington, George: Das Taoistische Gebet, Kösel-Verlag, München 1995

Praag, Henri van: Die Acht Tore der Mystik; Knaur Verlag, München 1990

Ram Dass: Reise des Erwachens, Knaur Verlag, München 1985

Reps, Paul: Ohne Worte - Ohne Schweigen, O.V. Barth-Verlag, 1976

Reps, Paul: Zen - Jenseits aller Worte, Ansata Verlag, Interlaken 1993

Riemann, Gerhard (Hrsg.): Der Weg eines Pilgers, Knaur Verlag, München 1994

Seitz, Rudolf: Was ist der Weg? Er liegt vor Deinen Augen, Kösel Verlag, München 1985

Shri Anandamayi Ma, Gespräche mit der Glückseligen Mutter, Mangalam Verlag, Stühlingen 1985

Stuart, W. Holmes: Tuschspuren in der Ewigkeit, O.V. Barth, 1994

Suzuki, Shunryu: Zen-Geist Anfänger-Geist, Theseus Verlag, Zürich 1970

Taisen Deshiwaru-Roshi: Zen in den Kampfkünsten Japans, Kirstkertz Verlag, Berlin 1978

Tetsuo Roshi Nagaya Kiichi: Tuschspuren, Theseus Verlag, Zürich 1985

Thich Nhat Hanh: Das Wunder der Achtsamkeit, Theseus Verlag, Zürich 1975

Tweedie, Irina, Der Weg durchs Feuer, Ansata Verlag, Interlaken 1989

Die schönsten Upanishaden, Der Hauch des Ewigen, Bauer Verlag, Freiburg im Breisgau 1994

Vaughan-Lee, Llewellyn: Spirituelle Traumarbeit, Träume als Ratgeber und Wegweiser auf dem Sufi-Pfad des Herzens. Ansata Verlag, Interlaken 1992

Vaughan-Lee, Llewellyn: Transformation des Herzens, Die Lehren der Sufis, Krüger, Frankfurt am Main 1996

Vaughan-Lee, Llewellyn (Hrsg.): Die Karawane der Derwische, Fischer Taschenbuch Verlag, Frankfurt am Main 1997

Wosien, Maria Gabriele: Tanz als Gebet, Veritas-Verlag, Linz 1990

Lesen Sie auch von Annette Kaiser:

T'ai Ji – verbunden mit Himmel und Erde

ISBN 3-924161-46-1

und betrachten Sie das gleichnamige Video
ISBN 3-924161-45-3

ch. falk-verlag